꿈을 키우는
교실 밖 이야기

10대를 위한
현직 선생님의 꿈 멘토링

꿈을 키우는 교실 밖 이야기

문중호 지음

유아이북스
Ultimate Information

독수리처럼

독수리에 대한 이야기로 시작을 해 보려 해요. 왜 하필 독수리냐고요? 우선, 독수리에게 배울 만한 점이 많다고 생각하기 때문이에요. 여러분은 사실 독수리와 비교할 수 없는 큰 존재입니다. 하지만 더 나은 모습으로 성장하려면, 끊임없이 배워야 해요. 세상에 있는 모든 것들이 배움의 대상이 될 수 있습니다. 그중에서도 독수리는 우리에게 뭔가 특별한 것을 가르쳐 준답니다.

독수리는 하늘의 제왕이라고 합니다. 모든 새 중에 힘이 가장 세죠. 새 중의 새요, 새들의 왕입니다. 독수리는 펼친 날개의 길이가 무려 3미터에 이른다고 해요. 그 어깨와 날개의 힘은 얼마나 강한지 모릅니다. 태풍이 오면 다른 평범한 새들은 보금자리를 찾아 숨어 버리기 급급합니다. 하지만 독수리는 달라요. 거센 비바람을 무서워하지 않죠. 오히려 그것을 뚫고 날아갑니다. '쉬'하는 소리를 내면서 하늘 높이 솟아올라 태풍을 아래로 내려다보며 유유히 비행을 한다고 해요.

또한 독수리는 태양을 향해 돌진해 날아가는 유일한 새라고 합니다. 태양을 정면으로 바라보면서 몸에 필요한 힘과 에너지를 얻는다고 하고요. 그렇다면 독수리의 시력은 어떨까요? 그 눈매 만큼이나 날카롭고 정확합니다. 탈무드에 의하면, 바벨론의 독수리는 팔레스타인에 있는 시체도 볼 수 있었다고 해요. 부리는 날카롭게 끝이 구부러져 있어서 어떤 거친 먹이도 쉽게 먹을 수가 있답니다. 발톱은 크레인처럼 크고 정교해서 일단 그곳에 걸리면 어떤 동물도 빠져 나가기가 불가능할 정도지요.

그뿐 아니라, 독수리는 해마다 털갈이를 하는데 이를 통해 윤기 있는 새로운 털로 자신을 바꿉니다. 끊임없이 자신을 변화시키는 것입니다. 날개를 활짝 펴고 저 높은 하늘을 향해 힘차게 비행하는 독수리의 모습을 상상해 보세요. 독수리의 힘찬 기상은 우리를 흥분시키지 않나요? 여러분은 독수리처럼 힘있는 삶을 살고 싶다는 생각이 들지 않나요?

하지만 요즘에는 독수리는커녕 병든 닭처럼 비실비실한 청소년들이 아주 많습니다. 오죽 피곤하면 그렇겠어요? 공부하랴, 학원 다니랴, 숙제하랴… 충분히 그럴 수 있다고 생각해요. 게다가 게임도 하고, SNS도 하고, 유행에 뒤처지지 않으려면 유튜브도 챙겨 봐야 하지요. 그러면 더 피곤할 수밖에 없습니다. 하지만 분명한 것은 그런 모습이 잘못된 선택의 결과라는 거예요. '병든 닭'처럼 살 것인지, '독수리'처럼 살 것인지의 선택은 오롯이 여러분 자신에게 달려 있습니다.

여러분도 독수리처럼 힘차게 날아오르는 삶을 살고 싶을 것입니다. '시간이 지나면 저절로 되겠지'라고 생각하는 것은 아닐 거예요. 그렇죠? 세상에 공짜는 없습니다. 독수리 같은 삶에는 남다른 노력이 필요하긴 합니다. 하지만 그렇다고 해서, 초인적인 노력을 해야 한다는 말은 아니에요. 나만의 특별한 노력이 필요하다는 것입니다.

우선 삶의 목표를 정해 보는 거예요. 각자 원하는 것이 있지 않나요? 만약 없다면, 이번 기회에 만들어 보면 되지요. 다음으로는 그 목표를 이룰 수 있는 가능성에 도전해 보는 겁니다. 실패해도 괜찮아요. 다시 도전하면 되니까요. "나도 할 수 있다"고 외치면서 한번 해 보세요. 하나씩 실천해 보고 한 걸음씩 나아가다 보면, 결국 여러분도 독수리처럼 힘차게 날갯짓하며 날아오르는 멋진 삶을 살 수 있을 거예요.

목차

Strong

Target

Opportunity

Recover

Yes

1장

— **Strong** 스토리 —

힘이 필요해

STORY

무슨 일이든 힘이 있어야 합니다. 힘이 있어야 하고 싶은 일도 할 수 있고,

혹시 어려움이 닥치더라도 견딜 수가 있지요. 특히 '마음의 힘'이 필요해요.

그 힘으로 마음껏 도전하며 꿈을 꾸고 성취할 수가 있지요. 힘은 나를 지키고,

나를 키우며, 다른 사람을 돕는 보람 있는 삶을 가능하게 해 줍니다.

줄지 않는 물

어떤 전쟁터에서 있었던 이야기입니다. 적의 폭격으로 한 병사가 큰 부상을 당하게 되었습니다. 그는 출혈 때문에 심한 갈증에 시달리고 있었어요. 그의 입술은 바싹 타들어 갔고, 물통은 바닥을 보인지 오래였지요. 다른 병사들의 물통도 사정은 비슷했습니다. 바로 그때, 다른 병사가 자신의 마지막 남은 물을 부상당한 동료에게 건넸어요. 사실 물병을 건넨 병사의 갈증도 심각했기 때문에, 그에게 물은 생명과도 같은 것이었지요. 하지만 더 큰 고통 속에 있는 동료를 외면할 수가 없었습니다.

물을 받아 든 부상병은 차마 그것을 마실 수가 없었어요. 다른 이들의 갈증 또한 심각하다는 것과, 자신이 동료들에게 짐이 된다는 것을 누구보다도 잘 알고 있었기 때문입니다. 그래서 그는 조금 마시는 척하고는 물통을 중대장에게 건넸어요.

중대장도 자신을 따르는 부하들 걱정에 물을 마실 수가 없었어요. 그도 꿀꺽꿀꺽 연기를 할 뿐 마시지는 않았습니다. 그러고는 다른 병사에게 물통을 건넸어요. 그런데 그 다음 병사도 마시는 척 소리만 낼 뿐, 마시지 않고 다른 동료에게 건넸지요. 이렇게 물통이 한 바퀴를 돌아, 마침내 원래 주인의 손으로 돌아왔습니다. 그런데 물통을 건네받은 병사는 깜짝 놀랄 수밖에 없었습니다. 물이 처음 상태 그대로 남아 있었기 때문이에요.

이 사실을 알게 된 병사들은 어땠을까요? 물론 상황은 죽을 것 같이 힘들었겠지요. 하지만 서로를 지극히 아끼고 사랑하고 있다는 것을 확인하자, 그것이 큰 힘이 되고 위로가 되었습니다. 그리고 그 힘으로 위기의 순간을 잘 이겨 낼 수 있었답니다.

이것이 바로 사랑의 힘입니다. 가끔 우리는 한 번도 본 적 없는 사람을 위해 자신을 희생한 아름다운 이야기를 듣게 될 때가 있지요. 그때 자신도 모르게 눈시울이 뜨거워지곤 합니다. 이것은 우리 마음에 사랑의 속성이 있기 때문이에요.

부모를 향한 사랑은 효도라고 합니다. 친구를 향한 사랑은 우정 또는 의리라고 부르고, 나라를 향한 사랑은 조국애, 애국심이라고 부르지요. 이런 것들은 인간만이 가진 아주 귀한 속성입니다. 그러므로 우리 인간은 아주 특별한 존재라고 할 수 있어요. 여러분은 그 자체로 특별한 존재입니다. 단순히 잘 먹고 잘 사는 것이 우리의 삶의 목적이 될 수는 없어요. 특별한 존재에 어울리는 특별한 삶의 목적이 필요합니다. 지금부터라도 삶의 목적을 찾을 수 있는 특별한 공부를 해 보도록 해요. 여러분은 특별하니까요.

마음의 힘

〈스타워즈〉는 오래된 영화입니다. 하지만 최근까지 시리즈로 상영될 만큼 인기가 많았어요. 이 영화에 등장하는 재미있는 인물이 바로 '요다'입니다. 그는 제다이의 정신적인 스승이자, 가장 강력한 마음의 힘force을 가지고 있는 능력자이지요. 900살이나 된 그는 오랫동안 공화국의 역사와 함께 해 온 존재였어요. 특히 아나킨 스카이워커가 그에게 왔을 때, 요다는 마음의 힘을 통해 아나킨의 상태를 알아차리기도 했습니다.

요다는 〈스타워즈〉의 다섯 번째 에피소드에서 루크에게 마음의 힘을 가르치려 했어요. 루크는 기특하게도 이 힘으로 작은 것들을 움직일 수 있게 되었지요. 조금만 더 열심히 노력한다면 놀라운 발전이 기대되고 있었습니다. 하지만 늪에 빠진 우주선을 꺼내 보라는 요다의 말에 루크는 기겁을 했어요.

"요다, 저 우주선은 도저히 못 꺼내요. 포스로는 절대 꺼낼 수 없어요."

"불가능하다고 생각하면 가능한 일도 절대 이루어지지 않아."

"요다, 우주선을 움직이게 하는 건 완전히 다른 문제예요."

"아니야, 다르지 않아. 다른 건 네 마음뿐이지. 넌 꼭 배워야만 하는 걸 아직 배우지 못한 거야."

요다의 강경한 태도에 루크는 마지못해 이렇게 대답했어요.

"좋아요. 한 번 해 볼게요."

"아니! 한다, 못 한다 중 하나야. 해 본다는 없어!"

결국 루크는 실패를 하고 말았어요. 그리고는 이렇게 투덜거렸어요.

"못 하겠어요. 너무 커요."

"크기는 중요하지 않아. 날 봐라. 크기로 날 판단하나? 그랬던 거야?"

그래도 자신의 힘을 믿을 수 없었던 루크는 고개를 저으며 포기하고 주저앉았어요. 요다는 안 되겠다 싶었는지, 루크를 위해 직접 포스의 힘을 보여 줬어요. 늪에 빠져서 흔적을 감췄던 우주선은 마침내 짜잔 하고 물 위로 나타났습니다. 루크의 눈이 휘둥그레졌어요.

"믿을 수가 없어요!"

"그래서 넌 실패한 거야. 믿음이 없어서…."

요다가 루크에게 가르치고자 했던 것은 무엇이었을까요? '포스는 인간의 강력한 의지에서 나온다'는 것이었어요. 우리도 어쩌면 루크처럼 할 수 없다고 믿고 있는 것은 아닐까요? 지레 겁먹고 불가능하다고 믿어버린 것은 아닐까요? 물론 영화는 상상 속 이야기에 불과합니다. 하지만 우리에게 주는 분명한 교훈이 있어요. 요다가 말하는 포스는 곧 능력입니다. 그는 '할 수 있다고 믿는 것'을 능력으로 보고 있어요.

아이들은 〈런닝맨〉에 나오는 '능력자' 김종국을 좋아합니다. 그렇죠? 힘의 상징인 토르의 망치와 타노스의 주먹을 좋아하고, 캡틴 아메리카의 방패를 좋아하며, 〈스타워즈〉에 나오는 광선검을 좋아하지요. 하지만 우리 안에도 진정한 포스가 있다는 사실을 알고 있나요? 그것은 바로 마음의 힘, 즉 '할 수 있다고 믿는 마음'이에요.

성공하는 삶을 살고 싶지요? 그렇다면 평소에 마음 훈련을 잘 받아야 합니다. 할 수 있다고 믿고, 자꾸 도전하는 연습을 해야 하지요. 해 보기도 전에 '나는 할 수 없다'고 생각하는 것은 패배자의 자세입니다. 마음의 힘은 저력이라고도 할 수 있어요. 여러분에게는 이런 저력이 있어요. '나도 할 수 있다'는 것을 마음으로 믿으면, 누구나 저력을 발휘하는 삶을 살 수 있답니다.

03 전심전력

〈퍼펙트 게임〉이라는 영화를 본 적이 있나요? 2011년 12월 개봉 작으로, 당시 최고의 투수였던 최동원과 선동열에 관한 실화를 바탕 으로 만든 영화랍니다. 실제로 사람들은 두 사람의 맞대결을 간절히 바라고 있었어요. 두 선수가 맞붙으면 아주 흥미진진했거든요. 그들 은 온 힘을 다해 공을 던졌습니다. 사실 공이 아니라 자신의 꿈을 던 졌다고 표현하는 게 맞을 것 같군요.

1980년은 우리나라 프로 야구가 처음 시작된 해였어요. 프로 야 구는 단순한 스포츠를 넘어 전국민을 사로잡은 국민 스포츠가 되었 습니다. 사람들에게는 각자 응원하는 팀이 있었고, 좋아하는 스타 선수들도 있었지요. 초등학생들은 김우열, 백인천, 김봉연, 이만수 등 의 타격 폼을 흉내 내면서 공을 쳤고, 공을 던질 때에는 최동원과 선동열을 따라했답니다.

그중에 롯데의 최동원은 노력과 끈기로 이미 대한민국 최고의 투수가 되어 있었어요. 그의 다이내믹한 투구 폼은 보는 이로 하여금 가슴 시원케 하는 사이다 같은 것이었죠. 그리고 최동원의 뒤를 이어 샛별 같이 떠오르는 투수가 있었는데요. 바로 해태의 천재 투수 선동열이었습니다. 그들은 서로 우정을 나누던 돈독한 선후배였지만, 사람들은 이런 그들을 라이벌로 몰아세웠지요. 전적은 1승 1패. 이런 가운데, 1987년 5월 16일은 그들의 마지막 맞대결이 펼쳐지는 날이었어요. 이 게임은 결코 양보할 수 없는 일생일대의 빅매치였습니다. 선배로서 최동원은 선동열 앞에서만은 큰 산이고 싶었어요. 반면 선동열은 그 산을 뛰어 넘고 싶은 마음이 간절했지요.

영화에서 최동원은 고교 시절에 강 감독이라는 사람으로부터 '일구일생一球一生, 일구일사一球一死'라는 이야기를 듣게 됩니다. 무슨 뜻이냐고요? 공 하나에 죽고 사는 게 달렸다고 생각하며 최선을 다하여 승부하라는 뜻이지요. 이 말은 곧 최동원의 독기가 되었습니다. 김응용 해태 감독도 최동원의 공에서 그만의 독기가 느껴졌다고 했어요. 여기서 독기는 목표를 향한 독한 마음을 말한답니다. 비록 어깨의 상태가 온전치 않았음에도, 공 하나하나에 전심전력全心全力했기에 그는 역사가 기억하는 최고가 될 수 있었지요.

사람의 생명을 살리는 의사에게 '대충', '적당히'라는 단어가 있을 수 있을까요? 당연히 그럴 수 없습니다. 자녀를 키우는 부모님에게도 그런 단어는 존재하지 않아요. 부모님은 자녀를 대충 사랑하지 않기에, 온갖 사랑의 잔소리를 하시는 게 아닐까 싶군요.

전심전력이라는 말은 '존재가 그것들 안에 들어가 있다'라는 말이에요. 이는 온 마음과 힘이 한곳으로 모일 정도로 몰입하는 것을 의미해요. 무엇이든 대충해서 이룰 수 있는 것은 없어요. 어느 분야든 독한 마음을 품고 전심전력해야 내가 원하는 최고가 될 수 있답니다.

호랑이의 토끼 사냥에 대해서 들어본 적 있나요? 호랑이는 토끼를 사냥할 때 결코 대충하지 않는다고 합니다. 호랑이에게 토끼 정도는 천천히 가다가 앞발로 툭 건드리기만 해도 잡을 수 있는 존재지요. 하지만 호랑이는 결코 그런 자세로 사냥에 임하지 않는다고 해요. 조그만 토끼를 잡을 때도 물소를 잡을 때처럼 온 힘을 다해 잡지요. 호랑이는 200킬로그램이 넘는 몸무게에, 100미터를 단 5초만에 주파합니다. 이토록 대단한 맹수가 작은 토끼 한 마리를 잡기 위해 최선을 다한다는 것이 정말 멋져 보이지 않나요? 물론 토끼에게는 미안하지만요. 호랑이의 위대함은 바로 이런 전심전력에 있어요.

누구나 위대하고 성공적인 삶을 살고 싶어합니다. 하지만 우리의 본성은 항상 꼼수를 부리는 것 같아요. 물론 다 그런 것은 아니겠지만, 많은 학생들이 수업도 적당히 듣고 공부도 적당히 할 때가 많죠. 책을 읽으려고 시도하지만 폼만 잡을 때도 많고요. 이런 것을 '적당주의'라고 말해요. 적당주의에 빠지면 날씨 탓, 컨디션 탓, 아이큐 탓을 하며 엉뚱하게 스마트폰만 만지작거리죠. 물론 당장은 편한 것처럼 느껴지지만, 문제는 진정한 기쁨이 없다는 거예요. 적당주의는 분명 꼼수임에 틀림없습니다. 만약 적당주의에 빠져 있다면, 그 태도를 반성하고 여러분의 꿈과 미래를 위해 전심전력하는 자세를 가져야 한답니다.

기적의
메이저리거

　오른손이 없는 운동선수가 있었어요. 그의 이름은 짐 애보트입니다. 그는 태어날 때부터 오른쪽 손목 아래가 없었지만, 열한 살 때부터 프로야구 선수를 꿈꾸었어요. 손이 하나밖에 없는 사람이 그냥 취미도 아니고 프로 야구 선수를 꿈꾸다니요! 그의 꿈은 누가 봐도 허황되어 보였습니다. 하지만 놀랍게도, 짐 애보트는 1999년 밀워키를 끝으로 은퇴할 때까지 수많은 대기록을 세운 수준급 메이저리그 선수였답니다.

　1988년 서울 올림픽, 미국과 일본의 야구 결승전에서는 애보트가 결정적인 기여를 한 덕분에 미국은 금메달을 품에 안을 수 있었습니다. 그뿐 아니라, 미국 최고의 아마추어 선수에게 주어지는 설리번상을 수상하기도 했지요. 또한 당시에는 마이너리그를 거치지 않고 메이저리그로 곧장 직행하는 선수들이 소수 있었습니다. 애보트는 역사상 열여섯 번째로 그 주인공에 당첨되었어요.

게다가 그는 1993년 양키스 스타디움에서 벌어진 클리블랜드와의 게임에서는 '노히트 노런'이라는 대기록을 세우기도 했어요. 노히트 노런이 얼마나 대단하냐면, 타자에게 출루의 기회를 전혀 내주지 않는 것이랍니다. 그야말로 투수에게는 최고의 영예이지요.

그는 10년 동안 메이저리그 선수로 활약하면서 평균 시속 150킬로미터의 강속구를 던졌어요. 아무나 흉내 낼 수 없는 특급 투수로 활약했으며, 통산 87승을 기록하였지요. 장애를 가진 야구 선수 짐 애보트는 이 모든 일들을 팔 하나로 해냈습니다. 훗날 그는 이렇게 말했다고 해요.

"야구장으로 향할 때마다 나는 내 팔을 보지 않았습니다. 대신 내 '꿈'을 보았습니다."

여러분에게 주어진 상황이 짐 애보트보다 불리하다고 생각하나요? 꿈을 성취하기에는 출발이 공평하지 않다고 생각하나요? 물론 그렇게 보일 수도 있지만, 절대 그렇지 않습니다. 여러분도 충분히 할 수 있어요. 아니, 더 큰일을 해낼 수도 있지요. 결국, 사람은 그가 가진 꿈대로 된답니다. 큰 꿈을 가질수록 크게 되는 거예요. 이것이 바로 꿈의 힘이지요. 혹시, 이러한 꿈의 힘이 아직도 믿겨지지 않나요? 어찌 보면 이건 믿음과 확신의 문제고, 선택의 문제이기도 합니다. 선택은 여러분에게 달려 있어요. 지금 바로 여러분의 꿈을 선택하세요. 그리고 끝까지 그 꿈을 목표로 삼아 도전해 보세요. 머지 않아 꿈은 현실이 될 것입니다.

가수가 된 고아

　다음은 〈코리아 갓 탤런트〉라는 오디션 프로그램에 나왔던 이야기입니다. 한 어린 소년이 있었어요. 그는 세 살 되던 해에 부모에게 버림받아 고아원에 맡겨졌어요. 세 살이면 이제 겨우 아장아장 걸어 다니고, 따뜻한 부모님의 품속에서 재롱과 투정을 부리면서 지낼 나이지요. 하지만 소년은 안타깝게도, 연고 없는 낯선 곳에서 홀로서기를 해야 했습니다. 분명 부모님에게도 딱한 사정이 있었을 테지만, 아무리 생각해도 어린 꼬마가 앞으로 마주해야 할 세상은 너무 벅차 보였어요.

　이후 2년의 세월이 흘러 소년은 다섯 살이 되었어요. 소년은 고아원에서 형들에게 자주 구타를 당했습니다. 참아도 보고 버텨도 보았지만, 결국 고아원을 뛰쳐나갈 수밖에 없었어요.(폭력은 정말 나쁜 짓이니, 우리는 절대 폭력을 쓰지 않기로 해요.) 소년은 자신의 이름도 몰랐어요. 그래서 사람들은 그를 '야', '너'로 불렀어요. 소년은 껌과 음료를 팔며 생활했고, 잠은 건물 계단이나 공중 화장실에 신문지를 펴 놓고 쪽잠을 잤어요. 이처럼 상상조차 되지 않는 생활을 하며 소년은 10년이라는 세월을 버텨냈습니다. 무더운 여름은 어떻게 보냈을까요? 차가웠던 수많은 겨울날을 어떻게 버텼을까요? 감기에 걸리거나, 고열에 시달릴 때는 누가 그를 돌봐 주었을까요? 남들이 다 누리는 생일 파티도, 여름철 휴가도, 가족 여행도 그에게는 없는 것이나 마찬가지였습니다.

겨우 다섯 살짜리가 혼자서 고아원을 뛰쳐나온 것도 놀랍지만, 다시 돌아가지 않았다는 사실도 놀랍지 않나요? 껌팔이를 하면서 세상을 살아 냈다는 것도 충격적입니다. 하지만 어린 소년이 살 수 있었던 데에는 분명 따뜻한 손길이 있었을 거예요. 당시 소년은 시장을 많이 돌아다녔는데, 그곳에서 포장마차를 하는 한 아주머니의 눈에 띄었어요. 소년을 불쌍히 여긴 아주머니는 부모 없이 살아가는 그를 볼 때마다 눈물을 짓곤 했지요. 그리고 때마다 음식을 챙겨 주고, 엄마처럼 보듬어 주었습니다. '지성'이라는 멋진 이름도 지어 주고, 글을 모르는 소년을 위해 교육을 받을 수 있도록 도와주기도 했어요. 이 정도면 아주머니는 분명 천사가 틀림 없어요! 천사의 날개를 숨긴 채 소년을 도운 것이죠. 이처럼 천사 같은 아주머니의 사랑은 소년에게 큰 힘이 되었습니다. 아주머니 덕분에 그는 검정고시를 거쳐 고등학교에 진학할 수 있었답니다.

사실 소년에게는 꿈이 있었어요. 바로 '성악가'가 되는 것이었지요. 어린 시절, 나이트클럽에서 껌을 팔다가 우연히 성악곡을 듣게 되었는데 그 노래가 소년의 마음을 사로잡았어요. 그래서 소년은 노래를 듣고 또 들으면서 틈만 나면 연습을 했답니다. 정말 꿈같은 일이지만, 소년은 이렇게 꿈을 꾸면서 달라지기 시작했어요. 그러다가 우연한 기회에 〈코리아 갓 탤런트〉라는 오디션 프로그램에 참가한 거예요.

그는 자신을 최성봉이라고 소개했어요. 자신의 이름이지만 왠지 어색했던 이유는 본명을 알게 된지 얼마 안 되었기 때문이라고 해요. '최성봉'이라는 이름은 검정고시 응시를 위해 주민등록 정보와 고아원 기록 등을 확인하는 과정에서 알게 된 것이었죠.

그는 힘든 어린 시절을 보내서인지, 얼굴에 표정이 별로 없었어요. 하지만 막상 노래를 시작하자 목소리의 울림이 대단했어요. '넬라 판타지아'라는 곡으로 여느 성악가 못지않은 노래 솜씨를 뽐냈지요. 여러분도 한 번 들어 보기를 바라요. 노래의 선율과 그의 표정에서 인생의 역경이 고스란히 묻어난답니다. 이처럼 감동적인 울림이 청중을 사로잡았고, 당시 많은 청중이 흐느끼기 시작했어요. 심사위원도 흐르는 눈물을 감추느라 말을 잇지 못할 정도였지요. 그래도 그는 담담했습니다. 그저 자신이 누구인지 보여줬을 뿐이거든요. 사람들의 반응도 그에게는 어색했을 거예요. 결국 그는 프로그램에서 준우승을 차지했습니다. 또한 그의 공연과 삶의 이야기를 담은 영상이 미국 CNN 홈페이지까지 올라갈 정도로 세계적인 이슈가 되었습니다. 그리고 지금 그는 어엿한 팝페라 가수가 되었지요.

과연 오늘의 최성봉을 있게 한 것은 무엇일까요? 그를 도와준 많은 천사들 덕분이기도 하지만, 무엇보다 그가 가진 꿈의 힘 때문이라고 생각합니다. 꿈은 사람을 살아있게 만들지요. 마음을 설레게 하고, 어려움을 극복하게도 해요. 그리고 계속 도전하게 합니다. 그래서 꿈꾸는 사람은 쉽게 지치지 않아요. 결국 최성봉은 꿈의 힘으로 어려움을 이겨 내는 삶을 살 수 있었던 거예요.

눈송이의 무게

크리스타의 우화에 나오는 이야기입니다. 어느 날 아주 작은 박새가 비둘기를 만났어요. 박새가 이렇게 물었어요.

"너는 눈송이 하나의 무게가 얼마인지 아니?"

비둘기가 대답했어요.

"눈송이 하나의 무게라고? 내가 그걸 어떻게 알아? 눈송이에 무슨 무게가 있겠어? 내 솜털보다 더 가볍겠다. 그냥 없다고 해!"

박새는 그런 대답을 예상이나 했다는 듯 미소를 짓더니, 자신이 경험한 일을 말하기 시작했어요.

"언젠가 나는 소나무 가지 위에 앉아 있었어. 할 일도 없고 심심했는데, 때마침 눈이 내리기 시작하는 거야. 그래서 나뭇가지에 쌓이는 눈송이의 숫자를 세기 시작했어. 눈은 아주 꾸준하게 쌓이고 있었지. 누가 보든 안 보든 아주 꾸준했어. 눈송이는 정확히 374만 1952개가 내렸지. 그런데 바로 그때였어…!"

박새는 매우 흥미진진한 목소리로 말을 이었어요.

"다음 눈송이 하나가 374만 1953번째 눈송이였는데, 그 하나가 가지 위에 사뿐히 내려앉는 순간, 나뭇가지가 '뚝' 소리를 내면서 부러지는 거야. 순간 나는 깜짝 놀라고 말았어. 솔직히 전혀 예상 못했거든. 그냥 무시해도 되는 사소한 눈송이 하나라고 생각했는데, 그것 때문에 벌어진 일이었어!"

비둘기는 박새의 이야기를 듣고 한참 생각에 잠겼어요. 그리고는 나지막한 목소리로 다음과 같은 한마디를 했어요.

"작다고 무시할 게 아니네!"

우리는 작은 것을 무시하는 경향이 있어요. 하지만 작은 것이 모이면 큰 힘이 되는 법입니다. '티끌 모아 태산'이라는 속담도 있잖아요. 낙숫물이 결국 커다란 바위를 뚫고, 작은 촛불 하나가 큰불을 일으키고요. 사소한 좋은 습관이 결국 위대한 인생을 만들어 주고, 한 사람의 작은 발걸음이 큰길을 만들기도 하죠. 권투 선수의 작은 잽들이 결국 상대를 무너뜨리는 것처럼, 작고 사소한 것도 얼마든지 위대한 능력이 될 수 있답니다.

여러분에게 있는 '작은 것'은 무엇일까요? 어떤 친구는 매일 철봉에 매달려요. 매일 턱걸이 한 개를 하기도 해요. 매일 줄넘기 서른 개를 하는 친구도 있어요. 영어 단어 또는 숙어 하나를 매일 꾸준히 외우거나, 한자 하나를 열심히 외우기도 해요. 아주 작고 사소해 보이지만, 꾸준히 한다면 이런 것들도 결코 사소한 것이 아니에요. 이처럼 작고 사소한 것들이 결국 그 사람을 크고 위대하게 만들기 때문이죠.

　저는 초등학교 시절 용돈을 아껴서 매일 요구르트 한 개를 샀어요. 왜 샀냐고요? 당연히 먹으려고 샀죠. 물론, 저 말고 연로하신 할머니가 드실 수 있도록요. 저는 매일 꾸준히 요구르트를 할머니에게 갖다 드렸지요. 그것을 받으신 후 기뻐하시는 할머니의 표정을 아직도 잊을 수가 없어요. 작고 사소한 요쿠르트 한 개였지만, 그것 때문에 할머니가 93세까지 장수하셨다고 저는 믿고 있답니다.

07 나만의 한 가지

  '굼벵이도 구르는 재주가 있다'는 말이 있어요. 굼벵이는 단 한 가지, 구르는 재주만 있어도 잘 살 수 있답니다. 왜일까요? 답은 간단합니다. 굼벵이는 많은 재주가 있는 것은 아니라서 주목을 받기는 어려워요. 하지만, 자신이 가진 한 가지 기술에 집중하고 만족하기 때문에 당당히 살아갈 수 있는 것이랍니다.

  반면에 '오지랖이 넓다'는 말도 들어 봤지요? 자신의 일에 집중하지 못하고, 이곳저곳 이 사람 저 사람 할 것 없이 모든 일에 관여하는 행동을 말해요. 이런 사람은 겉으로 보면 정말 많은 일을 하는 것 같습니다. 하지만 실제로는 속 빈 강정처럼 실속이 없는 경우가 많지요. 옛날부터 전해 내려오는 '한 우물을 파라'는 말도 문어발처럼 온갖 것을 하려 들지 말고, 한 가지에 집중하라는 교훈을 준답니다.

  에디슨의 한 가지는 발명이었어요. 그는 항상 궁금해했어요. 그리고 궁금증을 해결하고자 의욕적으로 물었고, 실험도 했으며, 관련된 책들을 닥치는대로 읽었지요. 학교 선생님은 이런 그를 이해할 수가 없어 포기하기도 했습니다. 하지만 에디슨은 결국 자신만의 한 가지로 승리하는 삶을 살았어요.

우리나라 최초의 메이저리거, 박찬호의 한 가지는 야구를 잘하는 것이었어요. 메이저리그에서 뛰던 시절, 그는 통산 124승으로 동양인 투수로서는 역대 최다승을 거두었지요. 그 시절 그는 야구를 잘하고 싶어서 정말 미칠 지경이었다고 해요. 실제로 그의 머릿속에는 항상 야구 생각만 있었을 정도로, 야구에 미친 사람이었습니다.

흔히 사람들은 자신이 가진 재능이 초라해서 아무것도 할 수 없다고들 말해요. 하지만 남과 비교할 때 상대적으로 초라해 보이는 것이지, 사실은 그렇지 않아요. 누구나 위대한 장점이 있답니다. 열심히 찾아보면 어떤 사람이든 자기만의 한 가지를 발견할 수 있지요. 그것의 힘을 경험하기 위해서는 어떻게 해야 할까요? 먼저, 자신이 가진 에너지의 한계를 인정하고 그 에너지를 보호하면서 효과적으로 집중할 수 있어야 해요.

하지만 많은 사람들이 자신의 에너지를 쓸데없는 곳에 낭비하지요. 스마트폰을 만지작거리다가 원치 않게 소중한 시간을 날려 버린 기억이 있지 않나요? 텔레비전을 보느라, 게임을 하느라, 계획도 없이 이 친구 저 친구를 만나느라 낭비하기도 하고요. 이런 식으로 빠져나가는 우리의 에너지는 상상을 초월할 정도로 많답니다.

스마트폰, 노트북, 컴퓨터 등 전자 기기에는 절전 기능이라는 것이 있습니다. 이것은 다름 아닌 한 가지에 집중시키는 거예요. 쓸데없는 곳에 에너지가 낭비되지 않도록, 중요한 일에만 반응하도록 하는 것이지요. 이렇게 하면 에너지가 원치 않는 곳으로 빠지지 않게 됩니다. 이것을 '최적화'라고 하는데, 최적화가 잘된 전자 기기는 속도가 빠를 수밖에 없어요. 배터리도 당연히 오래가고요.

그러므로 내가 가진 것에 불평하며 열등감을 가지기 보다는 내가 잘할 수 있는 것, 내가 하고 싶은 것 한 가지를 찾아야 해요. 그리고 그곳에 나의 에너지를 집중할 수 있어야 해요. 그러면 누구나 성공적인 삶을 살 수 있지요. 여러분도 나만의 한 가지를 찾아서 모든 에너지를 한 곳에 집중해 보기 바랍니다. 여러분의 능력이 돋보이는 삶을 경험할 수 있을 거예요.

꿈을 키워 준 상장

저는 어린 시절, 온 들판을 뛰어다니며 놀았어요. 노는 게 제일 좋았답니다. 처음부터 공부를 열심히 했을까요? 당연히 그렇지는 못했어요. 그런데 초등학교 1학년 때, 운 좋게도 성적 우수상을 받게 되었어요. 당시엔 평균 90점만 넘으면 상을 주었거든요. 얼마나 신이 났는지, 집까지는 걸어서 40~50분이 걸렸지만 그 길을 단숨에 달려갔어요. 그리고 숨을 헐떡거리면서 부모님께 상장을 보여 드렸답니다. 부모님은 두 분 모두 건강 때문에 학교 교육을 받지 못하셨거든요. 그래서인지 더 기뻐하시는 것 같았어요.

아버지는 곧장 읍내로 나가 액자를 사 오셨어요. 그렇게 해서 제가 받은 최초의 상장은 집에서 가장 잘 보이는 곳에 전시 되었어요. 집에 오시는 손님마다 그 상장을 보며 입이 닳도록 칭찬해 주셨지요. 이 소문은 곧 온 마을에 퍼졌고, 저는 일약 공부 잘하는 똘똘이로 불려지게 되었습니다. 이는 태어나서 처음 느껴보는 아주 기분 좋은 감정이었어요. 물론 그것이 약간은 부풀려졌다는 것을 저는 알고 있었어요. 그래서 부담도 되었지만, 한편으로는 그 별명이 쭈욱 계속되기를 바랐습니다.

　사실 상장 하나 받은 것이 뭐가 그리 대단한 일인가요? 하지만 부모님의 기뻐하시는 모습, 마을 어른들의 칭찬, 그리고 이어지는 많은 분들의 기대는 저에게 특별한 에너지가 되었어요. 솔직히 말하자면, 저는 머리가 좋은 편은 아니었어요. 옆집 누나에게 계산을 잘한다는 칭찬을 듣는 정도였지요. 오히려 매사에 뛰어난 아이들에게 가려서 될 수 없었고, 소심한 성격 때문에 기도 펴지 못했어요. 하지만 처음 받은 상장 하나는 '나도 할 수 있다'는 자신감을 주었답니다.

　여러분도 스스로가 자랑스러울 만한 한 가지를 생각해 보기 바라요. 누군가의 칭찬도 좋고, 인정받은 일도 좋아요. 그것을 내 방식대로 기억하고 기념해 보는 거예요. 저처럼 상장 하나여도 좋아요. 아니면 지금 당장 만들 수도 있어요. 자랑스러울만한 무언가를 해 보는 거예요. 나에 대한 이미지는 스스로 만들어가는 것이라고 생각하거든요.

　내가 만들고 싶은 이미지를 그림으로 그려 봐도 좋아요. 글로 표현해 보거나, 플래카드처럼 만들어서 벽에 걸어도 좋고, SNS에 올려도 좋답니다. 중요한 것은 그 모습처럼 되려고 하는 긍정적이고 적극적인 자세예요. 자신이 원하는 삶은 스스로 얼마든지 만들어 갈 수 있거든요. 겸손하게, 그러나 당당하게 도전해 보세요. 여러분을 성공으로 이끄는 힘이 되어 줄 것입니다.

피자왕이 된
소년

미국 미시간주 성 요셉 고아원에는 타미(토마스 모나한)라는 아이가 있었어요. 그는 부모에게 버림받은 가여운 꼬마였습니다. 하지만 다행히 그를 돕는 천사 같은 사람들도 많았어요. 특히 베라다 선생님은 자꾸 어긋나게 행동하는 타미를 진심으로 걱정해 주었어요.

중학생이 된 타미는 마음이 따뜻한 어느 부부에게 입양되었습니다. 너무나 잘된 일이었지만, 타미는 자신의 불우한 처지를 탓하며 하루가 멀다하고 사고를 쳤어요. 그리고 감사는커녕 원망과 불평을 일삼았지요. 문제아가 된 타미는 구제불능 같았기에, 양부모는 결국 그를 포기할 수 밖에 없었습니다.

이후로도 문제아 타미는 나아지지 않았고, 결국 학교에서마저 퇴학을 당하게 되었습니다. 타미는 태어날 때부터 가진 것이 거의 없었지만, 그나마 있던 것마저도 모두 잃게 되었지요. 사실 생각해 보면 그가 가진 것이 결코 적지는 않았어요. 하지만 은혜로 얻었던 것들도 비뚤어진 마음 때문에 모두 잃게 된 것입니다.

교문을 나서는 타미의 마음은 참담했습니다. 다시 시작하고 싶었지만 그럴 수 없었어요. 이미 엎지른 물이 되었거든요. 이제 어떻게 살아야 할지 막막하고 두려웠지요. 그런데 그 순간, 고아원의 베라다 선생님이 해 주신 말이 떠올랐어요.

"너무 비관하지 말거라. 너는 네가 생각하는 것보다 훨씬 소중한 존재야. 너에게도 분명 놀라운 기회가 생길 거야."

이때, 타미의 어둡던 마음에 작은 희망의 불빛이 비추는 듯했어요. 이후 타미는 모든 일에 최선을 다하기로 자신과 약속했어요. 그는 용기를 내서 피자 가게에 취직했고, 결심대로 최선을 다해 노력했습니다. 그리고 어느덧 타미는 피자 도우 한 개를 11초만에 반죽하는 놀라운 솜씨를 발휘할 수 있게 되었어요. 그리고 '도미노 피자'라는 이름으로 창업도 할 수 있었지요. 현재 도미노 피자는 세계에서 두 번째로 큰 피자 체인점이 되었습니다.

타미는 지금도 전 세계의 청소년들을 찾아 다니며, 자신의 성공 비결에 대해 다음과 같이 말하고 있어요. 특히 방황하는 청소년들, 문제아로 낙인이 찍혀 희망 없이 살아가는 청소년들에게 전달하는 메시지랍니다.

"인생에서 승리하고 싶다면, 너무 비관하지 마세요. 여러분은 생각보다 훨씬 소중한 존재랍니다. 인내하다 보면 여러분에게도 반드시 기회가 올 것입니다!"

아마 베라다 선생님은 안타까운 마음 때문에 타미에게 애정 어린 한마디를 했겠지요. 그런데 그 한마디 격려의 말이 타미를 다시 일으켜 세운 것입니다. 이렇듯 말은 사람을 살리기도 하고 죽이기도 한답니다. 그러므로 우리는 '살리는 말'에 많은 관심을 가져야 해요. 먼저 내 안에 살리는 말을 많이 새겨야 하고, 입 밖으로도 많이 뱉어야 합니다. '말이 씨가 된다'는 속담이 있잖아요! 내가 내뱉은 말은 반드시 어디선가 자라게 된다는 것을 꼭 기억하기 바라요.

10 모래와 반석이

　모래와 반석이는 같은 마을에 살았어요. 그리고 이들은 약속이나 한 듯, 같은 날에 집을 짓기 시작했어요. 그들은 멋진 새 집이 완공되기만을 손꼽아 기다렸습니다. 하지만 두 집은 매우 달랐어요. 반석이는 파고 또 파기만 했습니다. 물론 땅을 깊이 파는 데에는 많은 어려움이 있었어요. 그곳에서 나오는 흙과 돌들을 끊임없이 퍼 날라야 했기 때문이에요. 드디어 단단한 암석층이 나타났어요. 물론 그 위에 기초를 놓는 일은 더욱 쉽지 않았답니다.

　반면 모래는 쉬엄쉬엄 일하는데도 어느새 기둥이 섰고, 건물의 윤곽이 드러났어요. 모래는 눈에 잘 보이지도 않는 기초에 대해서는 별 관심이 없었습니다. 얼마 후에는 내부 공사도 시작되었지요. 완공이 되기도 전인데, 모래의 집 현관에는 벌써 '캐슬'이라는 화려하고도 현대적인 로고가 붙었어요.

캐슬은 웅장하고 아름다운 자태를 뽐냈어요. 집의 전체적인 분위기에서 세련미가 느껴졌지요. 전체적으로는 하얗고 깔끔한 느낌을 살리면서, 각 방마다 다른 색깔을 넣어 색다른 느낌을 주었습니다. 천장에는 조각낸 타일을 붙여 아기자기한 분위기가 돋보이게 하고, 주방은 파란색 타일로 깔끔하게 마무리 했어요.

시간이 흘러 두 집이 모두 완공되었어요. 집을 짓는 데 들어간 비용은 비슷했지만, 반석이가 지은 집은 모래의 캐슬과 비교하면 매우 초라하기 짝이 없었어요. 그래서 사람들은 캐슬을 향해 온갖 찬사를 보냈답니다.

그런데 어느 날, 초특급 태풍이 전국을 휩쓸기 시작했어요. 핸드폰에서는 재난경보문자가 계속 울려댔어요. 가로수가 뽑혀 나갔고, 거리의 웬만한 간판과 시설물은 강력한 태풍을 당해내지 못했어요. 시간당 100밀리미터가 넘는 폭우로, 곳곳의 둑이 터져 홍수가 나고 말았습니다.

과연 모래와 반석이네 집은 어떻게 되었을까요? 그 화려한 위엄을 뽐내던 모래네 캐슬은 한순간에 무너져 버리고 말았습니다. 참으로 안타까운 일이었지요. 하지만 단단한 암석 위에 기초를 놓았던 반석이네 집은 태풍과 홍수 속에서도 끄떡없었어요.

건물을 지을 때 가장 중요한 것은 기초 공사예요. 기초 공사는 눈에 보이지 않고, 또 돈이 많이 들기 때문에 소홀히 하기 쉽습니다. 하지만 기초 공사를 소홀히 한다면, 아무리 튼튼하고 화려한 집을 짓는다 해도 오래 견딜 수 없다는 걸 명심해야 해요. 공부의 집도 마찬가지입니다. 기초 실력을 탄탄하게 다져야 해요. 읽기, 쓰기, 셈하기 등의 기초적인 공부를 열심히 해야 무너지지 않는 실력자가 될 수 있답니다.

또한 무너지지 않는 인생의 집을 짓는 것도 마찬가지입니다. 기초를 잘 놓아야 해요. 빨리 짓기보다는 제대로 짓는 것을 목표로 해야 하고요. 기초 공사는 보이지 않기 때문에, 많은 인내가 필요하다는 것을 명심하세요. 남과 경쟁하고 비교하기보다, 나에게 맞는 속도와 재료로 지어야 합니다. 여러분의 인생의 집은 어떤가요? 혹시 모래와 같이 부실한 기초 위에 세우고 있지는 않나요?

11 천재 과학자의 고백

정근모 박사님은 우리나라가 낳은 원자력 분야의 세계적인 과학자입니다. 박사님을 자세히 소개하면 다음과 같아요. 12세에 경기중학교를 수석 입학하였고, 15세에 경기고등학교를 수석 입학하였습니다. 고등학교 입학 4개월만에 대입 검정 고시에서 전국 수석에 올랐고, 16세에 서울대학교 문리대에 차석 입학하였어요. 그리고 21세에 미국 미시간 주립대 박사 과정에 수석 합격하고 24세에 박사 학위를 취득했지요. 또한 미국 플로리다 대학 교수를 지내고, 27세에 MIT 원자력 공학과 연구원, 28세에 뉴욕 공대 교수로 재직했답니다. 43세에는 한국전력공사의 사장, 51세에는 과학기술처 장관을 역임했지요.

박사님의 이력은 정말 남다르죠? 과학 분야의 최고 권위자임이 분명해요. 하지만, 이런 그에게도 인생의 비바람이 불어 닥쳤습니다. 아들이 '만성신장염'이라는 병을 앓게 된 거예요. 박사님은 사랑하는 아들을 위해 자신의 콩팥 하나를 떼어 주기까지 했어요. 그러나 수술이 잘못되어 황달이 생겼고, 상태는 더욱 악화되어 급기야 죽을 지경이 되고 말았어요.

이때 박사님은 아들을 위해 밤이 새도록 기도했어요. 그리고 과학과 의학의 한계를 뛰어넘는 기적을 체험할 수 있었어요. 하지만 그 기쁨도 잠시, 다시 아들은 심한 좌절감과 우울증으로 두 번이나 자살을 시도하다 결국 죽음을 맞이하고 말았습니다. 그는 자신의 글에서 다음과 같이 고백하고 있어요.

> 정말 나로서는 어쩔 수 없는 인간의 한계를 체험하는 순간들이었다. 이건 나의 전공인 과학의 힘으로도, 인간의 의지나 설득으로도 해결할 수 없는 한계 상황이었다. 부모로서 해 줄 수 있는 것이 아무것도 없었다. 나는 무릎을 꿇고 한없이 부르짖으며 버틸 수 밖에 없었다.

이처럼 큰 시련 속에서도 박사님이 흔들리지 않고 버틸 수 있었던 이유는 무엇일까요? 바로 인생의 기초를 단순히 눈에 보이는 것들이 아닌, 보이지는 않지만 정말 중요하다고 생각하는 것에 놓고자 했기 때문입니다.

그는 국제원자력기구 의장과 과학기술처장관을 두 번이나 지냈지만, 그것을 최고의 영광으로 여기지 않았어요. 위대한 과학자보다 신실한 봉사자로서 이웃을 위해 사는 것을 더 큰 영광으로 생각했지요. 박사님은 2015년까지 한국 헤비타트 책임자로서 이웃을 위해

땀 흘리며 봉사하는 삶을 살았고, 지금은 한국과학기술원 석좌 교수로서 우리나라의 과학기술 발전을 위해 힘쓰고 있답니다.

우리도 쉽게 무너지지 않는 인생의 집을 지어야겠죠? 지금 이 순간에도 역경과 시련 때문에 힘없이 쓰러지는 사람들이 얼마나 많은지 모릅니다. 여러분의 인생의 집은 어떤가요? 튼튼한 기초를 가지고 있나요? 학창 시절에 '인내', '사랑', '긍휼' 등의 가치를 잘 배워서, 튼튼한 인생의 집을 지어 나갈 수 있길 바랍니다.

12 쿤타리카의 원숭이들

아프리카의 쿤타리카산에는 300여 종이 넘는 원숭이들이 살고 있다고 해요. 지금 들려 줄 이야기는 영국의 리즈버리 탐험대가 이곳을 방문했을 때의 일입니다. 그들은 원숭이들에게서 특별한 세 가지 모습을 발견했어요.

첫째, 지도자 원숭이가 세상을 떠났을 때 원숭이들은 온 산이 떠나갈 듯이 소리를 질러댔어요. 그것은 분명 슬픔의 표시였습니다. 그들은 사랑하고 존경하는 지도자의 죽음을 매우 슬퍼했고, 그 슬픔을 서로 나누고 있었던 것이지요.

둘째, 갑자기 큰 뱀이 나타나 원숭이들을 공격한 적이 있었습니다. 누군가 잡아 먹힐 수도 있는 위기 상황이었어요. 원숭이들은 혼비백산하여 순식간에 사방으로 도망쳤지요. 하지만 놀랍게도 얼마 후, 그들은 다시 돌을 들고 나타났어요. 침입자를 몰아내기 위해 원숭이들은 하나가 되어 힘껏 돌을 던졌어요. 갑자기 생긴 재앙 앞에서 똘똘

뭉친 모습이 아주 인상적이었다고 합니다. 원숭이들의 단합에 결국 뱀은 도망쳤답니다.

셋째, 탐험대는 산 중턱에서 죽은 새끼를 안고 있는 원숭이 부부를 보았어요. 그들은 서로의 얼굴을 어루만지며 눈물을 닦아주고 있었습니다. 그 모습이 마치 "힘내", "내가 있어"라고 위로의 말을 건네는 듯이 보였다고 해요.

이처럼 원숭이들의 놀라운 모습을 목격한 탐험대는 쿤타리카 탐험을 마치고 영국으로 돌아왔습니다. 이후 그들은 이기적인 사람들을 볼 때면 이렇게 말했다고 해요. "쿤타리카 원숭이만도 못한 사람!"이라고요.

쿤타리카 원숭이들을 통해 우리는 스스로의 이기심을 반성할 수 있습니다. 서로 이해하고 용납하며 사랑해야겠다고 다짐하게 되지 않나요? 우리가 사는 세상은 더 넓은 쿤타리카라고 할 수 있습니다. 예기치 못한 불행이 닥치기도 하고, 갑작스러운 사고를 당하기도 하지요.

이때 필요한 것은 무엇일까요? '서로를 불쌍히 여기는 마음'이에요. 너와 내가 만나 '남남'이 될 수도 있고, '우리'가 될 수도 있지요. 서로를 불쌍히 여기는 마음만 있다면, 누구든 우리가 될 수 있답니다. 갈수록 이기적이 되어 가는 삭막한 세상에, 여러분만은 작은 온기를 더하는 '우리'가 되면 좋겠어요.

13 온기의 힘

한 의사가 응급실에서 근무하며 겪은 신기한 일입니다. 응급실에는 별의별 응급 환자들이 많이 오기 때문에, 조용할 날이 없었습니다. 어떤 환자는 아프다고 신음하고, 소리를 지르기도 하고, 함께 온 보호자도 이성을 잃고는 응급실을 아수라장으로 만들 때가 많았지요.

그런데 아무리 난리를 치는 환자라 해도, 가까이 가서 그의 이마에 손을 얹으면 대부분 차분해지는 것이었습니다. 어떻게 이런 일이 있을 수 있을까요?

물론 기계식 체온계를 사용하면 접촉없이 단 몇 초만에 환자의 체온을 잴 수도 있습니다. 하지만 이 의사는 굳이 환자의 이마에 손을 얹는다고 해요. 그 이유는 단순히 열을 가늠하기 위해서가 아니었습니다. 환자의 이마에 손을 얹는 순간에는 그의 체온도 느낄 수 있지만, 자신의 체온도 전달할 수 있기 때문이었어요. 주고받는 온기가 주는 치유의 힘을 알기 때문에 일부러 그렇게 했던 것이지요.

'엄마 손은 약손'이라는 말이 있습니다. 그리 아팠던 배라고 해도, 엄마가 손으로 쓰다듬어 주면 어느덧 낫게 되는 원리와 비슷해요. 엄마가 가진 사랑의 손길이 그 아픔을 잊게 해 주고, 낫게 할 수도 있답니다. 엄마뿐 아니라, 우리의 손은 모두 약손이 될 수 있습니다. 손을 통해 나의 온기를 전할 수 있지요. 토닥토닥하는 나의 손을 통해 친구는 우정을 느껴요. 하이파이브하는 나의 손을 통해 다른 친구는 희망을 느끼고요. 쓰담쓰담하는 나의 손을 통해 우리 집 강아지도 사랑을 느껴요. 이런 작은 손길이 우리 모두를 행복하게 하는 힘이 된다는 것을 잘 기억하기 바라요.

14 기적의 무선 통신

2차 세계 대전 중에 있었던 이야기입니다. 영국의 여객선 한 척이 출항 준비를 하고 있었어요. 목적지는 미국이었는데, 전쟁 중에 대서양을 횡단하는 것은 매우 위험한 일이었기 때문에 모두 크게 긴장하고 있었지요. 선장은 기도하는 마음으로 바다를 바라보고 있었습니다. 그리고 몇 번 호흡을 가다듬은 후, 드디어 출발을 알렸어요. 그런데 출항한 지 얼마 안 되어 선장은 정체를 알 수 없는 배로부터 비밀스런 무선 통신을 받았어요.

"절대로 항로를 벗어나지 말고, 곧장 나아갈 것. 옆으로 치우치지 않도록 특별히 주의할 것. 도움이 필요할 경우 무선 통신을 보낼 것!"

어디서 보내 온 것인지 알 수는 없었지만, 선장은 왠지 안심이 되었어요. 그런데 며칠 후 바다에 독일의 나치 순양함이 나타났어요. 이 상황에서 선장이 의지할 것이라고는 그 무선 통신 밖에 없었지요. 선장은 미리 알고 있었던 번호로 급히 무선 통신을 보냈습니다.

"나치 순양함이 나타났다. 여객선이 위험한 상황이다. 어떻게 해야 하는가?"

선장은 깜짝 놀랐습니다. 생각보다 답장이 빨리 왔기 때문입니다.

"우리가 함께하고 있으니 안심하고 곧장 앞으로 가기만 하라."

하지만 아무리 둘러봐도 그 배의 모습은 보이지 않았어요. 위기의 순간에 허둥댈 수도 있었지만, 선장은 통신 내용을 믿고 담대하게 나아갔지요. 그런데 이상한 일이 벌어졌습니다. 적의 순양함은 틀림없이 여객선을 보았을 텐데, 공격하기는커녕 급히 도망가듯 사라져 버린 거예요. 그 후에도 여러 번 위험한 순간들이 있었지만 여객선은 무사할 수 있었습니다. 배는 마침내 안전하게 목적지에 도착하였고, 선장은 안도의 숨을 내쉬며 건너온 바다를 바라보았어요. 그런데 바로 그때였어요. 바다 밑에서 커다란 잠수함 한 척이 떠오르는 것이었습니다. 잠수함은 긴 항해 동안 한 번도 보이지 않았지만, 늘 여객선을 따라오며 언제든 도와줄 준비를 하고 있었던 거예요.

우리 인생은 긴 항해와도 같아요. 그래서 때로는 외롭고 두렵기도 하지요. 예상치 못한 순간에 적의 순양함 같은 것이 나타나서 해코지를 할 수도 있어요. 그러므로 우리에게도 잠수함과 같은 존재가 필요합니다. 평소에는 그 가치를 알 수 없지만 위기의 상황에서 큰 힘이 되는 존재! 우리를 안심하고 나아가도록 힘이 되어 주는 것에는 무엇이 있을까요?

무엇보다, 가족이 있어요. 가족은 이미 여러분을 도와줄 만반의 준비를 갖추고 있거든요. 여러분을 지키기 위해서라면 모든 것을 내팽개칠 준비가 되어 있지요. 가족은 눈에 띄지 않는 곳에서도 늘 여러분과 함께하고 있어요. 외롭고 두려운 순간, 가족에게 무선 통신을 보내 보세요. 이런 회신이 올 거예요.

"안심하고 곧장 나아가라. 우리가 함께하고 있다."

S trong
T arget
O pportunity
R ecover
Y es

2장

— Target 스토리 —

목표로 삼아야
할 것들

STORY

누군가 '세상은 넓고 할 일은 많다'라고 말했습니다. 하지만 할 일이 많다고 해서 그것을 다 할 수는 없지요. 그러므로 우리 나름의 꿈과 목표를 가져야 해요. 그를 이루기 위해 필요한 삶의 자세도 배워야겠죠? 이것은 다름 아닌 삶의 지혜라고도 할 수 있어요. 어리석음을 피하고 지혜롭게 꿈을 이루어 가는 여러분의 멋진 삶을 응원합니다.

태도가
삶을 바꾼다

영어 알파벳을 머리에 펼쳐 보세요. 그리고 A는 1점, B는 2점, C는 3점… 이런 식으로 Z까지 점수를 매겨 특정 단어의 총점을 계산해 봅시다. 이렇게 계산하면 돈을 뜻하는 MONEY는 72점이에요. 지식을 뜻하는 KNOWLEDGE는 96점이 나오고, 열심히 일하는 것을 의미하는 HARD WORK는 98점이 나와요. 큰 행운을 뜻하는 단어 FORTUNE은 99점이에요. 하지만 100은 쉽게 나오지가 않아요. 그런데, 거의 유일하게 100점이 나오는 의미있는 단어가 있어요. 궁금하죠? 그것은 바로 '태도'를 나타내는 ATTITUDE예요.

이 애티튜드(태도)의 원어는 라틴어 앱투스aptus로, '준비'라는 의미를 포함하고 있어요. 즉, 태도가 좋다는 것은 준비가 잘 되어 있는 상태를 의미한다고 할 수 있어요. 실제로 학자들의 연구에 의하면 성공에 가장 큰 영향을 미치는 것은 이런 삶에 대한 태도라고 해요.

삶에 대한 바른 태도야말로 100점짜리 인생을 사는 비결인 거예요. 그래서 우리에게 이런 태도와 자세를 배우고자 하는 목표가 필요하다는 것을 강조하고 싶습니다.

02 에디슨의
1퍼센트

'천재는 99퍼센트의 노력과 1퍼센트의 영감으로 만들어진다.'

에디슨이 남긴 유명한 명언이지요. 그럼 무엇이 더 중요한 것일까요? 노력일까요, 영감일까요? 우리는 대개 노력이라고 대답합니다. 하지만 에디슨이 정말 강조하고 싶었던 것은 영감이었다고 해요. 1퍼센트의 영감이 중요하다는 것이지요. 이것만 있으면 나머지 99퍼센트의 노력은 자연스럽게 해낼 수 있다는 논리입니다.

그렇다면 영감inspiration이란 무엇일까요? 반짝 떠오르는 훌륭한 생각, 머릿속을 스치고 가는 중요한 깨달음을 의미해요. 에디슨에게는 어떤 1퍼센트 영감이 있었을까요? 우리는 어렵지 않게 '발명'이라는 것을 알 수 있어요. 그는 발명의 매력에 푹 빠져있었습니다. 발명에 엄청난 재미를 느꼈고, 발명을 통해 변화할 세상을 생각하면 가슴이 뛰기까지 했어요. 그래서 누가 시키지 않아도 책을 읽고, 실험을 했습니다. 친구의 증언에 의하면, 책을 읽는 그의 눈빛이 책을 뚫을 듯

강렬했다고 해요.

　그렇다면 우리도 가만히 있을 수 없지요. 나의 1퍼센트 영감을 찾아야만 해요. 무조건 노력만 하는 것은 한계가 있어요. 1퍼센트 영감은 앞에서도 말했듯이 훌륭한 생각과 깨달음이에요. 이것이 우리의 꿈과 연결될 때 우리도 훌륭한 일을 해낼 수 있어요. 좋은 책을 통해, 좋은 사람들과의 관계를 통해, 혹은 좋은 영화 등을 통해 이런 1퍼센트 영감을 발견할 수 있지요. 이 책에 나오는 이야기들을 통해서 여러분만의 훌륭한 1퍼센트 영감을 찾게 되기를 간절히 바랍니다.

간절히 원하면

한 청년이 어느 날 스승을 찾아와 엎드려 이렇게 애원했어요.

"스승님, 저는 지혜와 학식을 얻고자 수백 리를 걸어서 이곳까지 왔습니다. 제발 저를 받아주시고 가르침을 베풀어 주십시오."

이에 스승이 대답했어요.

"좋습니다. 저를 따라오세요."

스승은 청년을 근처 해변으로 데려갔어요. 그리고는 말 없이 물 속으로 들어갔습니다. 얼떨결에 청년도 스승을 따라 들어갔어요. 이윽고 바닷물이 허리까지 차오르게 되었어요. 그때, 스승이 갑자기 청년을 잡더니 그의 머리를 바닷물 속에 쑥 집어넣는 것이었어요. 청년은 몸부림을 치다가 잠시 정신을 잃고 말았습니다. 그러자 스승은 청년을 해변으로 데려다 눕히고는 원래 있던 곳으로 돌아갔어요. 스승님의 행동이 조금 과격하죠? 맞아요. 그렇긴 하지만 그 속에 가르치고자 하는 깊은 뜻이 있었을 수도 있으니 계속 귀를 기울여 보도록 해요.

잠시 후, 정신을 차린 청년은 스승에게 돌아와 왜 이런 행동을 했는지 따져 물었어요. 그런데 스승은 오히려 이렇게 되물었습니다.

"당신은 나에게 무엇을 달라 하였소?"

"저는 가르침을 원했습니다."

"그래서 나는 가르침을 주었을 뿐이오."

"이게 무슨 가르침입니까? 저를 물 먹인 게 아닙니까?"

"물 속에 있을 때, 그대가 제일 원했던 것은 무엇이었소?"

"저는 공기를 제일 원했습니다."

그러자 스승이 말했어요.

"당신이 공기를 원했던 것처럼, 지혜와 학식을 간절히 원하면 되지요. 그 정도의 간절함만 있다면 굳이 누구에게 가르쳐 달라고 할 필요가 없소."

만약 며칠 동안 굶었다면 음식이 간절할 거예요. 더운 여름날, 목이 마를 때는 물이 간절할 테고요. 즉, 결핍이 간절함을 만드는 겁니다. 우리에게 있는 결핍이 꼭 나쁜 것만은 아니에요. 결핍을 느껴야 간절함이 생기고, 그 간절함으로 채울 수가 있기 때문이지요.

이런 간절함만 있다면 스스로 배울 수도 있어요. 자기주도학습의 원리가 이런 것입니다. 저의 경우에는, 친구들이 일류 학원을 다니면서 공부할 때 그들처럼 할 수가 없었어요. 경제적인 문제 때문이었지요. 이런 결핍은 저에게 간절함을 갖게 했어요. 당시의 그 간절함 때문에 친구들보다도 더 좋은 결과를 얻을 수 있었던 것 같아요.

여러분에게는 어떤 결핍이 있나요? 무언가를 갖고 싶거나 알고 싶나요? 꼭 경험하고 싶은 것이 있을 지도 모르죠. 단짝 친구가 필요할 수도 있고요. 아니면 누군가의 인정이 필요한가요? 혹시 유명해지고 싶나요? 그럼 그것을 간절하게 바라 보세요. 결국 원하는 것을 얻을 수 있을 거예요.

04 가장
아름다운 것

가장 아름다운 것을 그림으로 그리고 싶어 하는 어떤 화가가 있었어요. 그는 간절한 마음으로 여행을 떠났답니다. 처음 도착한 곳은 멋진 종탑이 있는 교회였어요. 화가는 교회에 들어가 목사에게 이렇게 물었어요.

"가장 아름다운 것이 무엇입니까?"

그러자 목사는 확신에 찬 얼굴로 '믿음'이라고 대답했어요. 그럴 듯한 답변이었지만, 화가의 질문에 대한 마침표를 찍을 수는 없었어요. 화가는 다시 여행을 떠났어요. 그러다가 길에서 행군하는 군인을 만났고, 그에게도 똑같이 물었어요.

"가장 아름다운 것이 무엇입니까?"

군인은 지체 없이 '평화'라고 말했어요. 생각해 보니 일리가 있는 대답 같았습니다. 하지만 역시 마침표가 없었어요. 그 후, 화가는 알콩달콩 사랑에 빠진 연인들을 만났어요. 그리고 그들에게도 같은 질문을 했습니다.

"가장 아름다운 것이 무엇입니까?"

연인들은 황홀한 얼굴로 '사랑'이라고 말했어요. 화가는 이제 마침표를 찍어야겠다고 생각했지만 여전히 확신은 없었답니다.

화가는 너무 오랫동안 아름다운 것을 찾아 헤매느라 많이 지쳐있었습니다. 어느새 그의 마음은 빨리 집으로 돌아가 쉬고 싶다는 생각뿐이었어요. 마침내 집으로 돌아와 문을 열고 들어서는 순간이었어요. 사랑스럽게 "아빠"를 외치며 달려오는 딸이 보였어요. 그러고는 방긋 웃는 얼굴로 자신의 품에 안기는 것이 아니겠어요! 그 순간 모든 피곤이 싹 사라지는 듯 했습니다. 아내도 해맑은 미소로 여행을 마치고 돌아온 남편을 포옹하며 반갑게 맞아 주었어요. 내세울 것 없는 작은 집이었지만, 익숙한 소파에 털썩 몸을 맡기니 어느새 마음에도 평화가 깃들었지요.

바로 그 순간, 화가의 마음 속에 깨달음의 별이 반짝였고 그는 유레카를 외쳤습니다. 그토록 찾고 싶었던 믿음, 평화, 사랑은 먼 곳이 아니라 바로 자신의 곁에 모두 있었습니다. 가장 아름다운 것은 바로 '가정'이었던 거예요. 화가는 비로소 마침표를 찍을 수 있었답니다.

어린 시절 저의 가정에는 믿음도, 평화도, 사랑도 없어 보였어요. 하루가 멀다하고 가족끼리 싸우는 날들이 많았거든요. 물건들이 부서질 때면 마음도 산산조각 나는 것 같았어요. 그래서인지, 어린 시절 저의 간절한 꿈은 아름다운 가정을 갖는 것이었답니다. 그리고 그 꿈은 마침내 현실이 되었지요. 모두가 부족한 면이 있지만, 믿음이 있기 때문에 신뢰가 쌓였어요. 나의 연약함을 알기에 서로를 배려하다보니 평화로울 수 있었고요. 서로 이해하며 감싸 주니 사랑도 넘쳤습니다.

처음부터 아름다운 가정은 없어요. 함께 우여곡절을 겪으며 완성되는 것이지요. 서로를 귀하게 여기고, 아름답게 가꾸고자 노력할 때 비로소 아름답게 변해갈 수 있어요. 아름다운 가정을 만들기 위해 여러분이 할 수 있는 것은 무엇일까요? 만약 머릿속에 떠오르는 것이 있다면, 그것을 오늘 실천해 보기 바랍니다. 떠오르는 것이 없다면? 화가처럼 찾고 또 찾는 여행을 바로 시작해야겠지요. 여러분도 분명 유레카를 외치게 될 거예요.

겸손이 이긴다!

기원전 431년, 그 유명한 펠로폰네소스 전쟁이 일어났습니다. 아테네를 중심으로 한 델로스 동맹과 스파르타를 중심으로 한 펠로폰네소스 동맹 간의 전쟁이었지요. 하지만 사실상 아테네와 스파르타의 전쟁이나 마찬가지였습니다.

스파르타는 그리스의 작은 도시 국가로, 농업 위주의 가난한 국가였던 반면 아테네는 강력한 군사력을 가지고 있었습니다. 특히 아테네는 세계 최강의 해군력을 자랑했어요. 나라의 전체 인구와 중무장한 병력도 많았지요. 이러한 아테네에 비해 스파르타는 매우 초라했습니다. 당시 국력의 기준이었던 인구도 적었고, 전쟁 경험이나 무장 병력도 많지 않았어요. 아테네에게 도저히 상대가 될 수 없었습니다. 하지만 전쟁의 결과는 놀라웠어요. 스파르타가 승리한 것입니다.

아테네의 패인은 무엇이었을까요? 역사적으로 많은 민족과 나라들은 교만해질 때 망했습니다. '교만은 멸망의 선봉'이라는 말이 있어요. 겸손은 존귀의 길잡이라고도 했습니다. 아테네는 결국 이 교만 때문에 패배하고 말았던 거예요.

아테네의 왕은 페리클레스였습니다. 그는 아테네 전체를 대리석으로 장식해서, 아테네를 세상에서 가장 아름다운 도시로 만들었어요. 파르테논 신전도 그가 건축한 것입니다. 그래서 이 시기를 '아테네의 황금기'라고 부른답니다. 그는 델로스 동맹이라는 것을 통해 그리스의 통합을 이끌었습니다. 하지만 점점 힘이 세지자, 자신의 힘을 믿고 제멋대로 굴었어요. 동맹국들까지도 함부로 대한 거예요. 그러자 몇몇 동맹국들이 동맹을 이탈하여 스파르타 편이 되고 말았습니다.

아테네는 스파르타의 능력과 경험도 무시했어요. 물론 아테네와는 상대가 안 되기에 무시할 수 있지만, 그렇다고 해서 안이한 마음과 자세로 전쟁에 임한 것은 분명 잘못입니다. 교만이지요. 이처럼 기고만장했던 아테네에는 갑작스런 전염병이 돌아 수많은 사람이 죽게 되었습니다. 페리클레스 또한 이 병으로 허무하게 죽고 말았어요.

반면 스파르타의 왕 아르키다모스는 자신의 약함을 인정했어요. 하지만 패배자의 마음으로 전쟁에 임하지는 않았습니다. 반드시 이길 것이라는 필승의 신념으로 철저하게 준비했지요. 겸손한 자세로 최선을 다해 준비했던 거예요. 그는 자신과 병사들의 능력을 최대한 발휘할 수 있도록 노력했어요. 작전도 아주 치밀하게 짰고요. 결국 승리는 스파르타의 것이 되었답니다.

사람은 겸손하기가 참 쉽지 않습니다. 조금만 잘난 구석이 있으면 마음이 교만해지지요. 그러다가 점점 안하무인이 되고, 갑질도 서슴지 않게 저지릅니다. 그렇다면, 어떻게 해야 겸손한 사람이 될 수 있을까요? 우선, 겸손의 표본이 되는 롤 모델을 찾아야 해요. 다음으로 그를 적극적으로 닮고자 노력해야 하고요. 잘 익은 벼 이삭일수록 고개를 숙이듯이, 우리도 스스로를 낮출 수 있는 성숙함을 가져야 하겠습니다.

06 성공의 비결

옛날 어느 나라의 왕이 학자들을 불러 모아 놓고 이렇게 명령했어요.

"성공의 비결을 알아 오라!"

왕의 명령이었기 때문에, 학자들은 아주 열심히 연구했어요. 수많은 책을 읽었고, 거리로 나가 사람들과 면담도 했어요. 족보를 뒤져 가며 자신의 가문에서 훌륭한 삶을 살았던 선조들에 대해서도 조사를 했답니다. 너무 열심히 연구하느라 며칠 밤을 지새우기도 했어요. 사실 자신들도 성공의 비결이 무엇인지 몹시 궁금했거든요. 그래서 더 열심히 준비할 수 있었지요. 마침내 연구를 끝내고 보니, 열두 권 분량의 책이 되었어요. 학자들은 몹시 흐뭇했습니다. 자신들이 얼마나 열심히 준비했는지 왕께서 알아주실 것 같았기 때문입니다.

그런데 왕은 분량이 너무 많다며 책을 거들떠 보지도 않은 채 더 줄여 오라고 하는 거예요. 분량을 늘리는 것은 비교적 쉬웠지만, 줄이는 것은 여간 어려운 게 아니었어요. 하지만 왕의 명령이기에, 학자들은 또 열심히 준비했지요. 이번엔 학자들끼리 많은 토의와 토론도 해야 했어요. 치열한 공방이 오갔습니다. 서로 자신의 자료가 무시당하는 것을 참을 수 없었기 때문이에요. 우여곡절 끝에, 세 권의 책으로 줄일 수 있었습니다.

그런데 이번에도 왕은 고개를 저으며 더 줄여 오라고 하는 것이었어요. 탐탁지 않은 듯 고개를 갸우뚱하는 왕의 모습이 학자들의 마음을 심히 불편하게 했어요. 더 이상 왕의 심기를 건드리면 안 될 것이라 생각한 학자들은 더 최선을 다했답니다. 신변의 위험을 느껴서인지 이번에는 서로의 자존심을 내세우지 않았어요. 손발이 척척 맞았지요. 이렇게 해서 한 권의 책이 완성되었습니다. 이제 아주 그럴듯했기 때문에, 틀림없이 왕께서도 만족할 것 같았어요. 심지어 만백성에게 읽히는 베스트셀러가 될 것 같은 기분도 들었습니다. 학자들은 의기양양하게 책을 들고 왕을 찾아갔습니다.

과연 어떻게 되었을까요, 이번에는 왕이 만족했을까요? 아니 글쎄, 그래도 많으니 분량을 더 줄이라는 겁니다. 학자들은 속으로 짜증이 났지만 왕의 앞이라 감히 속내를 드러낼 수가 없었죠.

"네, 왕이시여! 분부대로 하겠나이다."

급히 돌아온 학자들은 목놓아 불평을 쏟아냈어요. 여기서 어떻게 더 줄일 수 있냐며 하소연을 한 거예요. 하지만 이 일은 어떻게든 해야만 하는 것이었어요. 만약 해도 되고, 안 해도 되는 것이었다면 벌써 그만두었을 것입니다. 학자들이 머리를 모아 생각하고 또 생각하니, 번쩍거리는 아이디어가 떠올랐어요. 진짜 중요한 것이 무엇인지에 대한 놀라운 깨달음들이 학자들 마음속에 떠오르기 시작한 거예요. 그러자 큰 기쁨과 마주했습니다. 물론 왕의 명령 때문에 어쩔 수 없이 한 것이었지만, 열심히 하다 보니 평소에 느낄 수 없었던 기쁨을 맛볼 수가 있었어요. '나는 학자다!'라는 자부심도 생겼고, 무엇보다 행복했습니다.

사실 이후로도 왕의 명령은 반복되었어요. 하지만 이제는 학자들의 마음과 자세가 근본적으로 달라져 있었습니다. 학자들은 서로 배우고자 했고, 존중하고 배려하며 토론했지요. 그래서 책 한 권은 한 챕터가 되었고, 그게 한 장으로, 다시 한 문단으로… 마침내 한 줄이 되었답니다. 왕은 그때서야 명령을 멈추고 흐뭇해 하며 학자들의 노고를 치하했다고 합니다. 학자들이 마지막으로 남긴 '성공의 비결' 한 줄은 다음과 같았어요.

'열심히 하지 않고 되는 것은 없다!'

우리는 부지런해야 합니다. 게으른 마음을 버리고 '열심'을 품어야 해요. 김연아의 공중 점프와 스핀, 산소 탱크로 불리는 박지성의 평발, 강수진의 일그러진 발은 그들의 열심히 하는 자세를 보여 줍니다. 이런 노력 없이 되는 것은 없답니다. 열심히 하는 자세야말로 진정 성공으로 가는 비결입니다. 또한 행복해지는 비결이기도 하고요.

그렇다면 학생으로서 열심히 해야 할 것은 무엇일까요? 열심히 공부하라는 말은 듣기 싫다고요? 이해합니다. 하지만 그것이 왕의 명령이라면 어떨까요? 물론 농담이에요. 공부든, 악기 연주든, 운동이든 일단 내가 할 수 있는 최선을 다해 보는 게 중요해요. 그래야 내가 잘할 수 있는 것이 무엇인지, 무엇을 좋아하는지 알 수 있기 때문입니다.

07 우선순위 이야기

옛날에 지혜롭기로 소문난 스승이 있었습니다. 그에게는 여러 제자들이 있었어요. 어느 날, 스승은 제자들에게 가르침을 베풀고자 했습니다. 그는 제자들에게 돌과 그보다 조금 작은 자갈, 그리고 모래가 가득 들어있는 양동이를 각각 나누어 주었어요. 그러고는 양동이를 모두 바닥에 쏟아붓게 한 다음, 그것을 다시 양동이에 담도록 시켰습니다.

이에 제자들은 열심히 양동이에 담기 시작했는데, 그 모습이 아주 제 각각이었어요. 어떤 제자는 모래를 집어넣고, 자갈을 넣은 다음, 커다란 돌을 넣으려 했어요. 하지만 이상하게도 모두 담을 수가 없었지요. 분명히 한 양동이 안에서 나온 것인데 말입니다. 자갈-돌-모래의 순서로 넣은 제자도 식은 땀을 흘리며 낑낑대고 있었어요. 또한 모래-돌-자갈의 순서로 넣는 제자도 마찬가지였습니다. 심지어 순서고 뭐고 아무렇게나 담은 제자도 결과는 같았어요. 이에 스승이 말했습니다.

"먼저 큰 돌을 넣거라. 다음엔 그보다 조금 작은 자갈을 넣고, 마지막으로 모래를 넣으면서 양동이를 흔들어 보거라."

스승의 가르침 대로 하자, 신기하게도 모든 제자들이 성공적으로 양동이를 채울 수가 있었습니다. 이 일을 통해서 스승이 가르치고자 했던 것은 무엇이었을까요?

어떤 일을 하기 위해서는 반드시 순서가 있다는 거예요. 먼저 해야 할 것과 나중에 해야 할 것이 따로 있다는 것이죠. 이것을 잘 헤아려서 주어진 일을 하는 것이 삶의 지혜라는 뜻입니다. 이 교훈을 한마디로 말하면 '우선순위'라고 할 수 있어요. 먼저 할 것과 나중에 해도 되는 것이 있다는 사실을 꼭 기억하기 바랍니다.

'공부도 때가 있다'는 말이 있어요. 지금은 학생으로서 공부를 통해 실력을 쌓으며 미래를 준비할 때입니다. 이것을 나중으로 미룰 수는 없어요. 미룰수록 실력이라는 양동이는 채워지지 않습니다. 멋진 미래를 꿈꾸는 사람일수록 매사에 우선순위가 분명해야 하는 법이랍니다.

08 케이크를 태운 대왕

앨프레드 대왕은 영국의 앵글족과 색슨족을 하나로 뭉치게 했던 통일 제국의 왕입니다. 그는 바이킹의 침입을 물리쳤고, 나라를 더욱 튼튼하게 하였으며, 학문과 예술도 부흥시킨 위대한 왕이었어요. 그래서 사람들은 그를 앨프레드 대왕이라고 불렀습니다. 한마디로 영국의 세종대왕이라고 할 수 있지요. 그는 누구보다도 군대를 잘 통솔하는 장군이기도 했어요. 당시에는 툭하면 전쟁이 벌어졌기 때문에, 위기의 순간에는 왕도 직접 전투에 나가 싸워야 했답니다.

한번은 바이킹(데인족)이 쳐들어왔어요. 큰 전투가 벌어졌고, 결국 영국군이 패하게 되었습니다. 군인들은 사방으로 흩어졌고, 앨프레드 대왕도 허겁지겁 도망쳐야 했지요. 그는 패잔병 신세가 되었고, 영국은 곧 바이킹의 지배하에 들어갈 위기를 맞게 되었어요.

겨우 목숨을 건진 왕은 숲과 늪을 헤치며 숨을 곳을 찾았고, 결국 한 나무꾼의 집에 이르렀어요. 그는 너무나 배고프고 피곤한 나머지, 나무꾼의 아내에게 음식과 쉴 거처를 요청했습니다. 부인은 그가 누구인지는 관심이 없었어요. 그저 너무 불쌍해 보였기 때문에, 음식을 주기로 한 거예요. 때마침 저녁 시간이어서 부인은 케이크를 굽고 있었어요. 그녀는 앨프레드 대왕에게 자기는 소젖을 짜러 가야하니, 케이크가 타지 않도록 잘 봐 달라고 했어요.

맛있게 익어가는 케이크 냄새는 알프레드 왕을 미소 짓게 했어요. 며칠을 굶었는지 모를 패잔병의 허기진 마음에는 온통 케이크만 있을 법도 합니다. 익어가는 케이크를 보면서 틀림없이 군침을 삼켰을 거예요. 하지만 놀랍게도 그의 마음속엔 케이크가 없었습니다. 그의 마음을 온통 사로잡고 있었던 것은 음식이 아니라 다음 두 가지 질문이었어요.

'어떻게 하면 흩어진 군대를 다시 모을 수 있을까?'
'어떻게 하면 침략자 바이킹을 몰아낼 수 있을까?'

그는 자신이 배고프다는 사실까지 잊을 정도로, 두 가지 생각만 골똘히 했어요. 그러다가 절대 잊지 말아야 할 것까지 잊고 말았답니다. 바로 케이크였어요. 앨프레드 대왕은 자신이 나무꾼의 오두막집에 있다는 것조차도 잊고 있는 듯했어요. 그는 오직 미래에 대한 계획만 바쁘게 생각하고 있었습니다.

나무꾼의 부인이 돌아와 보니 정말 가관이었어요. 온 집 안은 음식

탄 냄새로 가득 찼고, 화로 위에 있던 케이크는 까맣게 타서 아예 부스러기가 되어 있었습니다. 잔뜩 화가 난 부인은 이렇게 소리 질렀어요.

"이런 게으름뱅이 같으니라고! 당신이 무슨 짓을 했는지 봐요! 당신은 일하기 싫어하는 게으름뱅이에요. 음식을 먹을 자격이 없다고요!"

앨프레드 대왕은 이 고함 소리를 듣고서야 자신이 무슨 짓을 했는지 깨달을 수 있었어요. 길길이 날뛰는 고함 소리에 그는 어쩔줄 몰라하며 허탈한 웃음을 짓고 말았습니다. 그것은 부인의 책망 때문이 아니었어요. 케이크 때문이었지요. 그는 사실 배가 몹시 고팠거든요.

앨프레드 대왕은 배가 너무 고파서 구걸을 하는 처지에서도, 나라를 구하는 일에 몰두한 나머지 소중한 케이크를 태우고 말았어요. 대왕이 그날 저녁에 식사를 했는지는 알 수가 없어요. 하지만 소중한 케이크를 잊고 몰입했던 그 시간 덕분에, 며칠 후 다시 군대를 모을 수 있었습니다. 그리고 전투에서 승리하여 적군을 몰아낼 수 있었어요. 그날 그가 생각해 낸 작전 때문에 나라를 구할 수 있었고, 많은 사람들에게 존경과 사랑을 받는 위대한 왕이 될 수 있었어요.

어떠한 일에 집중하다보면 다른 일을 잊어버릴 수도 있답니다. 만유인력으로 유명한 근대 과학의 시조, 뉴턴도 몰입의 대가였습니다. 그는 연구에 얼마나 몰두했던지, 음식 먹는 것을 자주 잊곤 했어요. 한번은 끓는 물에 달걀을 넣어야 하는데, 대신 탁상 시계를 넣었다고도 해요.

요즘 우리의 시선을 사로잡는 것들이 정말 많습니다. '맛있는 것', '재미있는 것', '신기한 것'들이 너무 많아서 집중하기가 쉽지 않아요. 하지만 아무리 많은 시간이 있어도 엉뚱한 곳에 다 써 버리고 나면 결국 남는 것이 없어요. 정작 중요한 일에는 쏟아부을 여력이 없지요.

1970년대 학생들은 '우리는 민족중흥의 역사적 사명을 띠고 이 땅에 태어났다'로 시작하는 국민교육헌장을 암송했다고 합니다. 마치 전설 속 이야기 같지요? 지금 생각해 봐도 너무 심하다는 생각이 들지만, 여기에 나오는 '사명'이라는 말이 왠지 새롭습니다. 지금 우리에게 가장 소중한 것은 무엇인지 생각하게 되지요.

나의 모든 것을 아낌없이 쏟아부을 만한 '사명'은 무엇일까요? 많은 위인들이 이런 생각을 했어요. 훌륭한 일까지는 아니더라도, 최소한 여러분에게 주어진 시간을 알차게 사용할 수 있어야 합니다. 책한 권을 몰입해서 읽는 것, 특기를 위해 꾸준히 땀을 흘리는 것, 가족을 위해 봉사하는 것, 건강을 위해 열심히 운동하는 것, 미래를 위해 열심히 공부하는 것이 될 수도 있답니다.

힘을 빼라

'몰입(집중)'을 아주 잘하는 한 아이가 있었습니다. 그 친구는 옆에서 아무리 시끄럽게 해도 흔들림 없이 책을 읽곤 했어요. 그 모습을 보고있노라면 감탄이 저절로 나왔지요. 어떻게 이런 몰입이 가능한 것일까요? 몰입은 억지로 되는 것이 아닙니다. 어떤 일을 아주 좋아하면 누가 시키지 않아도 저절로, 알아서 자연스럽게 되는 것이지요. 과연 이 친구의 독서 수준은 처음부터 이 정도였을까요? 그렇지 않습니다. 무슨 일이든 단계가 있는 법이거든요.

가장 먼저 필요한 자세는 마음에서 욕심과 긴장을 없애는 것입니다. 처음 수영을 배울 때에는 누구나 긴장이 되기 마련이에요. 그래서인지 한동안 몸에 힘이 잔뜩 들어가지요. 초보일수록 더 그렇다고 해요. 자기도 모르게 그렇게 되나 봐요. 그래서인지 몸은 절대 뜨지 않습니다. 잘하고 싶은 마음은 간절하지만 마음처럼 안 되니, 어느 순간 흥미를 잃어버리기도 해요. 운동 신경이 뛰어난 사람들 중에는

'내가 이까짓 수영을 못 하겠어?'하며 욕심을 부리는 경우도 있습니다. 그럴수록 더욱 안 되는 것이 수영이지요. 하지만 몸의 힘을 빼고 몸을 물에 온전히 맡기면, 신기하게도 몸이 뜨는 것을 경험할 수 있습니다.

제가 고등학생이었던 시절, 기숙사에서 2층 침대를 사용하고 있었어요. 그런데 잠버릇이 많이 안 좋았던지, 자다가 그만 2층에서 떨어지고 말았지요. 물론 잠결이었기 때문에 정확한 이유는 잘 생각나지 않아요. 하지만 분명한 사실은 2층에서 잠을 잤고, 자다가 바닥으로 떨어졌다는 것입니다. 그런데 놀랍게도 다친 곳이 없었어요. 어린 아기들에게도 이런 일은 자주 일어난다고 해요. 아기가 넘어져도 크게 다치지 않는 것은 넘어질 때 본능적으로 몸에서 힘을 빼기 때문이라고 합니다. 우리도 매사에 '힘'을 뺄 수 있어야 해요. 마음에서 쓸데없는 욕심과 긴장을 없애야 합니다. 가벼운 마음으로 즐겨 보고자, 놀이처럼 해 보고자 한다면 무엇이든 행복하게 잘 할 수 있어요.

물론 텔레비전을 볼 때나, 컴퓨터 게임을 할 때에는 굳이 이렇게까지 할 필요는 없어요. 몰입이 저절로 잘 되거든요. 공부도 이렇게 텔레비전을 시청하듯, 게임을 즐기듯 할 수 있다면 얼마나 좋을까요? 유감스럽게도 공부, 독서, 글쓰기 등은 몰입 훈련이 필요합니다. 생각해 보니, 고차원적인 즐거움은 모두 이런 훈련이 필요한 것 같아요.

자, 이제는 무엇을 하든 먼저 힘 빼는 연습부터 해 보기 바랍니다.

왠지 모를 부담을 내려놓고 최대한 가벼운 마음으로 해 보는 거예요. 처음엔 쉽지 않겠지만, 자꾸 연습하다 보면 어느 순간 잘하게 된답니다. 의식하지 않아도 저절로 몰입해서 책을 읽을 수 있어요. 누가 시키지 않아도 좋아서 공부하고 있는 자신을 발견하게 될 것입니다.

10 장원 급제의 비결

한 청년이 과거 시험에 번번이 낙방하여 크게 실망하고 있었습니다. 그러던 중 이웃 마을에 장원 급제를 한 사람이 있다는 소식을 듣게 되었어요. 청년은 급히 그를 찾아가서 물었어요.

"저도 열심히 한다고는 했는데, 이렇게 낙방만 하니 어찌할 바를 모르겠습니다. 제발 합격할 수 있는 비결을 좀 가르쳐 주십시오. 내무슨 일이든 하지요."

이에 장원 급제자는 청년에게 큰 물그릇 하나를 내밀었어요. 그곳에는 물이 한가득 담겨 있었습니다.

"이것을 들고 이 집을 한 바퀴 돌고 오시오. 그런데 명심할 게 있소. 물을 한 방울이라도 흘리면 안 됩니다. 만약 그렇게 할 수만 있다면 급제의 비결을 가르쳐드리겠습니다."

청년은 조금 당황스러웠지만 급제의 비결을 알려 준다기에 무조건 시키는 대로 했어요. 청년은 물그릇을 두 손에 들고 조심조심 걸음을 뗐어요. 청년의 머릿속에는 '절대 물을 흘리지 말아야 한다'는 생각밖에 없었지요. 얼마 안 가 청년의 이마에는 땀방울이 송글송글 맺혔습니다. 청년의 눈빛은 조금의 흐트러짐도 없었어요. 이후 한참 후에야 그 집을 한 바퀴 돌 수 있었습니다. 청년이 안도의 숨을 내쉬고 있을 때였어요.

"혹시 뒷마당에는 무엇이 쌓여 있던가요? 기억나십니까?"

청년은 솔직하게 대답했어요.

"아무 것도 못 봤는데요. 물을 안 쏟으려고 어찌나 집중을 했는지 아무것도 볼 수 없었습니다."

"그럼 마당 옆에 큰 헛간이 있었을 텐데, 그곳에 무엇이 있었는지는 기억하시겠죠?"

"헛간이 있었다고요? 전혀 기억이 안납니다. 그런데 그곳에 무엇이 있었는지 어떻게 알겠습니까? 저는 오직 물그릇에만 온 신경을 쓰느라 아무 것도 볼 수 없었단 말입니다."

그 사람은 그제서야 호탕하게 웃더니, 청년에게 급제의 비결을 가르쳐 주었어요

"바로 그것입니다. 물그릇에만 온 신경을 쓰다 보면 절대 다른 것은 보이지 않는 법입니다. 그런 마음 자세로 집중하십시오. 한 가지에만 몰입하면 당신은 틀림없이 급제할 수 있을 것입니다."

그 후 청년은 그 교훈대로 했고, 결국 과거에 급제했답니다.

누구나 성공적인 인생을 살고 싶어합니다. 나름의 꿈과 목표도 있

어요. 하지만 어느새 엉뚱한 것에 마음을 빼앗기게 되고, 그 많던 시간은 어디로 갔는지 모르게 사라지고 말아요. 그래서 모든 게 흐지부지 될 때가 얼마나 많은 지 모릅니다. 이런 삶에는 열매도 없고, 기쁨도 없어요.

노벨상 수상자인 버나드 쇼의 묘비에는 이렇게 적혀 있다고 해요.

'우물쭈물하다가 내 이럴 줄 알았다.'

그러므로 우리는 더 이상 우물쭈물해서는 안 됩니다. 뭔가에 몰입하는 법을 배워야 해요. 황농문 서울대 교수님은 책에서 이런 말을 하셨어요.

'몰입이야말로 인생을 바꾸는 자기혁명이다.'

지금 당장 이루고 싶은 목표를 생각해 보세요. 줄넘기 쌩쌩이도 좋고, 공기놀이도 좋아요. 관심 있는 책 한 권도 좋고, 기타도 좋아요. 뭔가 하나를 수준 있게 할 때까지 몰입해서 연습해 보는 것입니다. 여러분에게 좋은 성공 경험이 될 거예요. 몰입이야말로 성공의 비결입니다.

11

참된 공부

여러분은 '배움'이 스릴 있고 지적인 놀이라는 것을 알고 있나요? 이 사실을 일찍이 깨달았던 세종대왕은 백독백습百讀百習을 즐겼어요. 그의 이런 열정은 신하들의 지적인 부분을 자극했고, 결국 한글 창제의 위업을 달성하게 했습니다.

다산 정약용은 오랜 유배 생활을 겪으며 쉽게 지치고 낙심할만도 했어요. 하지만 그는 끊임 없이 연구하며 책을 썼지요. 그는 무려 400여 권의 책을 쓸 정도로 열정적이었습니다. 그 무엇도 그의 열정을 막을 수는 없었어요.

다른 나라로 건너가 볼까요? 링컨은 책을 열정적으로 좋아했습니다. 그는 책 속에서 희망을 발견하곤 했어요. 선거에서 수없이 낙방을 해도 그의 선택은 늘 희망이었어요. 에디슨은 도서관을 통째로 읽은 열정으로 발명왕이 되었지요. 또한, 설리번 선생님은 불쌍한 한 영혼에 대한 열정으로 헬렌 켈러를 변화시켰어요. 헬렌 켈러는 배움의 의지로 육신의 장애를 극복할 수 있었습니다. 오프라 윈프리는 독서를 통해 인간의 감정에 대한 남다른 이해심을 배울 수 있었고, 오늘날 공감 토크의 대가가 될 수 있었지요.

　공부에 대한 열정의 온도는 그야말로 천차만별이에요. 공부와 담을 쌓고 사는 사람도 많지만, 꺼지지 않는 학구열을 지닌 사람도 제법 있어요. 그렇다고 해서 공부 체질이 따로 있는 것은 아니에요. 공부에 대한 절실함을 갖는다면 누구나 공부 체질이 될 수 있답니다. 우리는 이미 평생 교육의 시대를 살고 있기 때문에 공부를 멈출 수는 없어요. 절실함을 가지고 공부해야 생존할 수 있는 시대가 된 것입니다.

　하지만, 나의 모든 열정을 다 바쳐도 아깝지 않은 것을 찾는 것이 우선이라고 생각해요. 이런 열정의 대상을 찾는 공부가 선행되어야 하지요. 만약 그것을 찾는다면 결코 게으를 수 없겠죠? 억지가 아닌 자발적인 기쁨으로 열정을 불태우는 삶을 살게 될 거예요. 앞서 말한 위인들은 바로 이런 공부를 했기에, 많은 사람에게 큰 영향력을 끼칠 수 있었습니다.

　일찍이 솔로몬은 총명하기로 유명했어요. 그는 총명한 머리로 많은 공부를 했지요. 하지만 '헛되고 헛되며, 헛되고 헛되니, 모든 것이 헛되도다'라는 그의 고백은 다소 충격적입니다. 그렇다면 이후 그는 허무주의자가 된 것일까요? 아닙니다. 다행히도 그는 '헛되지 않은 것'을 깨닫게 되었다고 말했어요.

헛되지 않은 것이야말로 우리가 추구해야 할 참된 공부의 대상이 아닐까요? 옛 선인들이 깨달은 것을 내 것으로 만드는 공부를 한다면, 우리는 더 이상 시행착오를 겪지 않아도 됩니다. 얼마나 신나는 일인가요? 우리 이런 참된 공부, 진짜 공부를 해 봅시다.

12

삶을 바꾸는
흉내 내기

　제가 중학교 2학년 때의 일이었습니다. 저는 교내 수학 경시대회에서 충격적인 점수를 받고 말았어요. 틀린 문제가 맞은 문제보다 많았으니까요. 다행인 것은 친구들 대부분이 50점을 넘기지 못했다는 것이고, 놀라운 것은 3학년 선배 중에 무려 91점을 받은 선배가 있었다는 거예요. 저에게는 그 선배가 괴물 같아 보였습니다. 그리고 호기심이 생겼지요.

　'도대체 어떤 사람일까? 어떻게 하면 이렇게 잘할 수 있는 것일까?'

　어렵지 않게 담임 선생님으로부터 그 선배가 작성한 답안지의 복사본을 구할 수 있었어요. 그가 받은 점수도 놀라웠지만, 매우 꼼꼼한 답안지는 저를 더욱 놀라게 했습니다. 그건 단순한 답안지가 아니라, 제 눈에는 마치 하나의 예술 작품 같았어요. 선배가 기록한 풀이 과정은 매우 논리적이고, 정갈하면서, 세련미까지 느껴졌어요. 겨우 1년 차이지만, 선배가 하늘처럼 우러러 보이기까지 했지요. 더더욱 저를 놀라게 했던 것은 선배의 어려운 가정 형편이었습니다. 선배는 자주 들판에 나가 부모님의 일을 도와야 했어요. 그럼에도 틈틈이 열심히 공부했던 거예요.

저는 선배의 풀이 과정을 연구하기 시작했어요. 그 속에 들어있는 선배의 생각을 알고 싶었기 때문입니다. 도대체 무슨 생각으로 이렇게 풀이를 했는지 많이 궁금했어요. 읽고 또 읽고, 똑같이 따라 써 보기도 하면서 이해하고자 노력했지요. 이후에는 똑같은 시험지를 구해서 혼자 시험을 보고 다시 채점도 했어요. 이런 과정을 여러 번 반복하다 보니, 결국 저도 90점 이상의 점수를 받을 수 있었어요.

이 흉내 내기는 일종의 모델링이에요. 다른 말로 발전적인 벤치마킹이라고 할 수 있어요. 흉내 내기는 모든 인생 공부의 기초가 된다고 생각해요. 아이들은 어른 흉내를 내면서 성장하는 법이잖아요. 공부도 마찬가지입니다. 그러므로 내가 가장 닮고 싶은 대상을 은밀히(?) 고른 후 어깨너머로 그의 모든 것을 배우고자 해 보세요. 아니면 위인들의 삶을 연구해 보고, 그들의 훌륭한 점을 흉내 내도 좋아요. 어느덧 여러분도 훌륭해질 수 있어요. 발전이 보장되는 확실한 방법은 바로 '흉내 내기'입니다.

13 영웅의 최후

　알렉산더 대왕은 마케도니아의 왕으로서, 그리스, 페르시아, 인도에 이르는 대제국을 건설했습니다. 그는 찬란한 헬레니즘 문화를 이룩해낸 왕으로도 유명해요. 알렉산더 대왕은 열여섯 살이라는 어린 나이에 장군이 되었어요. 요즘으로 말하면 중3 정도 될 텐데, 그 나이에 장군이 되다니 참 대단합니다. 또한 그는 열여덟 살까지 수십 차례의 전쟁에서 한 번도 패한 적이 없었다고 해요. 전쟁을 혼자 하는 것도 아닌데, 어떻게 이런 무적이 될 수 있었을까요? 아마도 용감무쌍하고, 지혜가 뛰어난 장군이었음이 틀림없어요. 더욱 놀라운 것은 그가 겨우 스무 살에 왕이 되었다는 거예요.

　알렉산더는 이후로도 10년 동안 계속 정복 전쟁을 하였고, 그가 차지한 땅은 헤아리기 힘들 정도였지요. 알렉산더가 정복한 영토는 어느 정도나 되었을까요? 당시 마케도니아 사람들이 생각했던 세계의 거의 전부였다고 합니다. 그러니 그의 명성이 얼마나 대단했겠어요? 알렉산더는 대제국의 왕으로서 마음만 먹으면 모든 것이 가능했어요. 이룬 것이 많아 그 성취감은 하늘을 찔렀을 거예요. 정복한 나라들이 많으니 전리품도 넘쳤을 거고요. 각종 진귀한 음식과 보석도 모두 그의 차지가 되었지요. 이 알렉산더보다 행복한 사람은 세상에 아무도 없어 보였습니다.

 하지만 정작 알렉산더는 그렇지 않았어요. 또 다른 땅을 추가로 정복해도 기쁨은 아주 잠시뿐이었어요. 마음에 찾아오는 공허함을 채울 수가 없었지요. 세상에서 그보다 더 성공한 사람도 없을 테지만, 이런 그를 이해할 수 있는 사람도 세상에는 없었어요. 그래서 더 괴로웠습니다. 마지막 전쟁 역시 승리였어요. 그의 군대는 역시 세계 최강임에 틀림없었습니다. 승리 후 기분 좋게 돌아온 알렉산더는 또 다시 마음의 허무함 때문에 괴로웠어요. 그는 이 허무를 달래고자 큰 잔치를 열었어요. 진탕 술을 마시면 최소한 그 허무를 잠시 잊을 수 있었기 때문이에요. 잔치는 무려 20일 간이나 계속되었고, 그의 음주도 계속되었어요. 나중에는 '헤라클레스 잔'이라 불리는 거대한 술잔에 술을 따라 마시기도 했어요. 이를 보면 그의 공허함이 얼마나 컸을지 충분히 짐작이 됩니다.
 결국 그는 술을 이겨내지 못하고 잔치 도중에 쓰러졌어요. 이후 열병으로 고생하다가 정말 허무하게 죽고 말았어요. 세계를 정복했던 영웅이었지만 기쁨이 없어 허탈했고, 그 마음을 술로 달래다가 세상을 등지고 만 거예요. 그의 나이 불과 33세였습니다.

세상의 모든 땅을 정복하면 정말 행복할까요? 세상의 모든 돈이 다 내 것이 되면 행복할까요? 우리는 그 답을 알렉산더를 통해 배울 수 있었어요. 그가 허무했던 이유는 그가 헛된 것을 추구했기 때문이에요. 우리는 헛되지 않은 것을 추구해야 합니다.

'진리가 자유롭게 한다'는 말이 있어요. 진리는 일종의 질서입니다. 우리 안에 확실한 질서가 있다면 혼란스럽지 않겠죠. 복잡한 마음도 어느덧 질서 있게 정리되어 우리에게 평안을 주거든요. 본래 대학은 진리의 상아탑이라고 불렸어요. 위대한 공부는 이런 진리에 대해 물음표를 던지는 거예요. 단순한 입시 공부가 아니라 진리를 찾는 진짜 공부를 해야 하지 않을까요?

14 깨진 찻잔

어느 나라에 난폭한 왕이 살았어요. 그에게는 가장 아끼는 찻잔 하나가 있었습니다. 그 찻잔은 오묘한 색과 멋진 디자인을 뽐냈어요. 왕은 기분이 안 좋을 때면 이 찻잔을 쳐다보곤 했지요. 그러면 신기하게도 기분이 좋아졌답니다. 그리고 똑같은 차를 마시더라도 이 잔에 따라 마시면 기분도 행복해지고 맛도 훨씬 좋았답니다. 왕은 난폭했지만 찻잔 덕분에 감정 조절을 잘 할 수 있었어요. 그래서 더욱 애지중지할 수 밖에 없었습니다.

그러던 어느 날이었어요. 왕이 잔치 중에 이 찻잔을 떨어뜨린 거예요. 한 순간의 실수 때문에 찻잔은 산산조각이 나고 말았습니다. 한동안 어쩔 줄 몰라 하던 왕은 갑자기 온갖 트집을 잡아 신하들을 협박했어요. 참 못된 왕이지요. 자신의 실수가 명백한데도, 말도 안 되는 이유를 들어 신하들에게 책임을 물었어요. 급기야 왕은 신하들에게 깨진 찻잔을 원래대로 붙여 놓으라고 명령했어요. 하지만 산산조각이 난 찻잔을 무슨 수로 붙입니까? 그렇게 한들, 어떻게 원래의 모습이 될 수 있겠어요? 그것은 처음부터 불가능한 일이었습니다. 하지만 왕에게 그렇게 말했다가는 목숨이 열 개라도 남아나지 못했을 거예요. 신하들은 급히 수소문하여 한 도공을 찾아갔습니다. 그는 백발이 성성한 노인이었지요. 노인은 깨진 찻잔을 살펴보더니, 이렇게 말했습니다.

"1년만 시간을 주십시오."

이후로 노인은 작업실에 틀어박혀 나오지 않았어요. 그리고 어느덧 1년이 지났습니다. 노인은 보자기를 들고 손자와 함께 왕 앞에 나타났어요. 그 속에는 깨졌던 찻잔이 원래의 모습으로 회복되어 찬란하게 빛나고 있었어요. 깨졌던 것이라고 하기에는 너무 멀쩡해 보였지요. 그리고 여전히 다른 것들과는 비교할 수 없는 고운 색깔과 자태를 뽐내고 있었어요. 왕은 크게 만족했습니다.

이 소문을 들고 수많은 도공들이 노인을 찾아와 비결을 물었어요. 노인이 말했습니다.

"나도 자네들과 똑같이 진흙과 물을 반죽해서 도자기를 굽는 도공이라네. 다만 작은 일에도 온갖 정성을 다할 뿐이지."

하루는 손자가 노인의 작업실에 들어갔다가 깜짝 놀라고 말았어요. 왕의 깨진 찻잔 조각이 작업실에 그대로 놓여있었기 때문입니다. 손자에게 노인은 미소를 지으며 이렇게 말했어요.

"너도 온갖 정성을 다해 도자기를 만든다면, 나의 비법을 깨닫게 될 것이다."

사실 노인은 깨진 찻잔을 원래의 모습으로 되돌릴 수 없다는 것을 잘 알고 있었습니다. 그럼 못한다고 하면 될 일이지, 왜 굳이 1년이라는 시간을 달라고 한 것일까요? 만약 일이 잘못되기라도 하면 목숨이 위태로울 게 뻔한데도요. 노인이 목숨까지 걸고 이 일에 뛰어든 이유는 잘 모릅니다. 다만 그가 1년 동안 온갖 노력을 다 기울여서 원래의 모습을 가진 새로운 찻잔을 만들어 냈다는 것만 알 뿐입니다.

　여러분은 그가 얼마나 많은 수고와 노력을 했을지 상상이 되나요? 그는 깨진 찻잔을 수없이 들여다보며 원래의 모습에 대해 연구했을 것입니다. 원래의 빛깔을 만들기 위해 수없이 실패를 반복했을 거예요. 그리고 마침내 원래 모습 그대로의 찻잔을 완성할 수 있었지요.

　'지성이면 감천'이라는 말이 있어요. 온갖 혼을 다해 노력을 기울이면 불가능도 가능케 됩니다. 무엇을 하든 내가 할 수 있는 온갖 노력을 기울여 보세요. 여러분도 충분히 고수가 될 수 있습니다. 김연아는 피겨 스케이팅에, 에디슨은 발명에, 방탄소년단은 노래와 춤에 온갖 노력을 다했기에 최고가 될 수 있었답니다.

누구나 절대 잊을 수 없는 추억들이 있지요. 저는 많은 추억 중에 중학교 시절 받았던 특별한 공부 훈련을 여러분에게 소개하고 싶어요. 일명 '끙끙 훈련'이었습니다. 군에서 하는 수학 경시대회에 참가하기 위한 준비 훈련이었어요. 총 열 명의 학생만 훈련을 받았는데, 운 좋게 저도 낄 수 있었답니다.

지도는 당시 수학 선생님이 해 주셨는데, 장교 출신의 카리스마가 넘치는 멋진 분이셨습니다. 선생님은 제가 진로를 결정하는 데에도 큰 영향을 주셨지요. 우리 팀은 훈련을 시작도 하기 전에 1차 시험을 치르게 되었어요. 성적은 22개 학교 중 9위였어요. 중간 정도의 성적이었지만, 학교 이미지에 먹칠을 했다는 평가였어요. 왜냐하면 선배들은 항상 1위만 했기 때문입니다. 그래서인지 이후로 엄청난 특훈이 시작되었어요. 선생님께서는 외국의 문제들을 준비해 오셔서, 풀고 또 풀고를 반복하게 하셨어요. 선생님의 풀이 설명도 들었지요. 때로는 너무 어려워서 손도 못 대는 문제도 있었어요.

'안 되겠다' 싶었던 저는 독서실에 다니기로 했어요. 해결되지 않는 한 문제를 놓고 한 시간을 끙끙대기도 했답니다. 당시엔 비록 해결하지 못한 문제가 많았지만 혼자 끙끙대던 시간이 많은 도움이 되었어요. 이후 성적은 쭉쭉 상승했어요. 우리 팀은 2차 대회에서 3위를 하더니, 3차 대회에서는 2위를 했고, 마지막에는 결국 1위를 차지했습니다.

이제는 도에서 하는 대회를 앞두고 총 다섯 명이 여름 방학 끙끙 훈련을 시작했어요. 훈련의 일정은 아래와 같았습니다.

① (100분 문제 풀기+채점 및 설명)×2회 반복
② 점심 식사
③ 100분 문제 풀기+채점 및 설명

총 300분 동안의 끙끙 훈련을 매일 했어요. 선생님의 간단한 풀이와 설명도 있었지만, 대부분은 혼자서 문제와 끙끙대며 씨름하는 것이 훈련의 전부였습니다. 300분 동안 풀어낸 문제의 수는 90문제였어요. 이것을 30일 동안 했으니, 총 2700문제가 됩니다. 훈련이 끝난 후에는 독서실에서 자체 끙끙 훈련을 했어요. 아는 문제는 아는 것이라 신났고, 모르는 문제는 생각하고 또 생각하면서 엉킨 실타래가 조금씩 풀리는 쾌감을 맛볼 수 있었지요.

결과적으로 저희 팀은 도대회에서 모두 최상위권을 차지할 수 있었습니다. 도대회에서 2위를 했던 친구는 과학고와 카이스트를 거쳐 과학자가 되었고, SKY 대학을 나와 공학자가 된 친구들도 있어요.

이 끙끙 훈련은 정말 값진 훈련이었어요. 그때 저의 수학적 사고력이 크게 향상되었거든요. 이 훈련 덕분에 고등학교 진학 후에도 수학만큼은 자신 있었지요. 아무리 어려운 문제가 나와도 기죽지 않고 계속 끙끙 생각하면서 결국 해결했답니다.

저는 이 특별한 경험을 통해 소중한 깨달음을 얻게 되었어요. 공부는 결국 자기 훈련이라는 거예요. 누군가의 도움도 물론 필요하지만, 끙끙대면서 자신을 훈련하다 보면 생각지 못한 놀라운 성장을 하게 되지요. 사실 '나는 머리가 안 좋아'라는 생각을 늘 달고 다니던 저였어요. 하지만 끙끙 훈련을 통해 이처럼 부정적인 생각을 극복할 수 있었답니다. 여러분에게도 끙끙 훈련을 강력 추천합니다.

Strong

Target

Opportunity

Recover

Yes

3장

── **O**pportunity 스토리 ──

기회와 가능성

STORY

이 땅은 기회의 땅입니다. 하지만 아무것도 안하면서 좋은 기회를 얻고자 하는 사람에게는 더 이상 기회가 없습니다. 오직 좋은 날을 바라보면서, 열심히 준비하는 사람에게 이 땅은 무궁무진한 기회를 제공합니다. 또 한 가지 기억할 것은 기회라고 생각될 때 적극적으로 가능성을 찾으라는 거예요. 여러분에게는 충분한 잠재력이 있기 때문에, 그것을 믿을 때 불가능이 가능으로 바뀌는 놀라운 일이 벌어진답니다.

01 기회를 잡은 소프라노

그리스 신화에서 제우스의 아들이자 기회의 신인 카이로스는 아주 독특한 헤어스타일을 갖고 있습니다. 앞머리는 길고 숱도 무성한 반면, 뒷모습은 너무나 엉뚱하게도 머리카락이 없지요. 상상이 잘 되나요?

그렇다면 기회의 신은 왜 이런 모습을 하고 있는 것일까요? 이 우스꽝스러운 모습을 통해 우리는 기회의 속성을 알 수 있습니다. 즉, 기회는 다가올 때 바로 앞에서 잡지 않으면 절대 잡히지 않는다는 거예요. 기회가 지나가고 나면, 뒤통수는 대머리이기 때문에 잡으려 해도 잡히지 않는 거예요. 그럼 어떻게 하면 기회가 다가왔을 때 그 것을 알아보고 바로 잡아챌 수 있을까요?

누군가 '기회는 준비가 행운을 만날 때 생기는 것'이라고 했어요. 이 말은 언제나 준비하는 삶이 중요하다는 뜻 같아요. 행운은 우리가 어찌할 수 없는 것이지만, 뭔가를 준비하는 것은 충분히 할 수 있으니까요. 평소에 멍하게 있다 보면, 아무리 많은 기회가 지나가도 그것이 기회라는 것조차 알 수 없어요. 이런 사람은 '왜 나에게는 기회가 주어지지 않는가!' 하면서 세상을 원망하고 불평해요. 그러나 정신을 바짝 차리고 준비하고 있으면 기회를 알아볼 수 있는 '눈'이 생기나 봐요. 그래서 기회의 신 카이로스의 앞머리를 확실하게 잡을 수 있는 거죠.

우리가 아는 세계적인 소프라노라면 누가 있을까요? 조수미 씨와 신영옥 씨일 거예요. 그중 신영옥 씨에게는 기회의 신을 두 손으로 확실하게 붙잡았던 에피소드가 있습니다. 행운이라고 할 수도 있겠지만, 그보다는 그녀의 철저한 준비 덕분이었지요.

뉴욕 메트로폴리탄 극장에서 베르디의 오페라 〈리골레토〉 공연이 한창 진행 중이었어요. 그런데, 주인공 '질다' 역을 맡았던 소프라노에게 갑자기 건강상의 문제가 생겼습니다. 그래서 1막을 끝낸 후 급히 다른 소프라노로 대체해야 하는 상황이었지요. 하지만 그건 불가능에 가까워 보였습니다. 비중이 큰 주인공 역을 누군가 대체하기엔 시간이 너무 촉박했기 때문이에요. 오페라 곡을 완벽하게 마스터하고 있어서, 당장이라도 투입될 수 있는 소프라노를 찾는 것은 정말 불가능한 일이었습니다.

그런데 놀랍게도 신영옥 씨는 그동안 무대 아래에서 선배가 노래하는 모습을 바라보며 수없이 따라 연습했다고 해요. 그래서 그녀는 모든 곡을 이미 완벽하게 외우고 있었습니다. 모든 스텝들이 깜짝 놀랐고, 결국 공연은 대성공이었습니다. 아름답고 슬픈 질다 역을 잘

소화한 결과, 신영옥 씨는 이후로도 계속 질다 역을 맡아 공연을 하게 되었어요. 확실하게 기회를 잡은 거예요. 특히 마지막 공연은 전 세계에 생중계되기까지 했으니, 세계적인 소프라노가 탄생하는 순간이었습니다.

참으로 드라마틱한 이야기죠? 인생에서 이런 기회는 매우 드물어요. 하지만 아무리 좋은 기회가 와도 준비가 안 되어 있다면, 그 기회는 더 이상 기회가 아닙니다. 마침 신영옥 씨가 완벽하게 준비하고 있었기 때문에 기적의 드라마가 연출될 수 있었어요.

기회는 이처럼 생각하지 않은 때에 옵니다. 그러므로 우리는 항상 기회를 잘 잡아야 해요. 바로 지금 기회가 올 수 있다는 생각으로 준비하는 생활을 하면 좋겠어요. 신영옥 씨가 보면서 따라했던 선배 소프라노가 있듯이, 여러분이 보고 따라 할 만한 선배(친구, 선생님, 부모님, 연예인, 위인 등)도 얼마든지 있답니다.

02 가능성을 보는 눈

많은 사람들에게 존경을 받는 훌륭한 목수가 있었어요. 그는 실력으로나 인품으로나 흠잡을 데가 없었습니다. 하루는 그가 제자 한명을 데리고 숲으로 갔어요. 숲에는 물론 좋은 나무도 많았지만, 제자가 보기에는 쓸모없어 보이는 나무도 아주 많았어요. 제자는 목수에게 이렇게 물었습니다.

"스승님, 저런 볼품없는 나무는 어차피 쓸모가 없으니 빨리 잘라내는 것이 좋지 않겠습니까? 왜 그냥 두시는 거죠? 다른 나무들의 성장에도 좋지 않을 것 같습니다."

이에 목수는 뭔가 의도한 바가 있다는 듯 미소 짓고는 제자를 어딘가로 데려갔어요. 그곳에는 숲에서 가장 좋은 나무들이 빼곡하게 있었어요. 목수는 그 중에서 가장 눈에 띄는 떡갈나무 하나를 가리키며 이렇게 물었어요.

"이 떡갈나무는 보다시피 참으로 훌륭하다. 이 나무가 어떻게 이렇게 될 수 있었는지 아느냐?"

"그야 종자가 좋기 때문이 아니겠습니까? 제 눈에는 모든 게 완벽합니다. 하늘을 향해 쭉쭉 뻗은 저 가지들을 좀 보세요. 이처럼 예술적인 걸 보아하니, 틀림없이 처음부터 좋은 나무였을 것입니다."

이에 대해 목수는 충격적인 말을 했습니다.

"사실 이 떡갈나무가 이렇게 잘 자라날 수 있었던 것은 볼품이 없었기 때문이다."

깜짝 놀란 제자는 말도 안 된다는 표정을 지었습니다. 이에 목수가 말했어요.

"만약 어려서부터 아름답고 쓸모 있는 나무였다면 벌써 잘려 나갔겠지만, 볼품이 없었기 때문에 아무도 건드리지 않았던 것이다. 그래서 이렇게 훌륭한 거목이 될 수 있었지. 지금 내가 수많은 볼품 없는 나무들을 그냥 놔두는 이유가 바로 여기에 있다. 그 중에는 이 떡갈나무처럼 될 수 있는 재목들이 반드시 있을 것이라 믿기 때문이지."

목수가 나무의 가능성을 보고 함부로 베어 버리지 않는 것처럼, 우리도 사람을 함부로 평가하면 안 됩니다. 누구에게나 작은 가능성은 있는 법이니까요. 나 자신을 향해서도 마찬가지입니다. 다른 사람과 비교하면서 내가 가진 가능성의 싹을 마구 잘라 버리면 안 되겠어요. 혹시 아나요? 볼품없어 보였던 나의 외모 혹은 재능들이 어떻게 귀하게 쓰일지는 아무도 모르는 것이니까요.

03 두 청년의 운명

어느 마을에 두 청년이 있었어요. 그들은 매일 불량스러운 친구들과 어울렸습니다. 그들과 함께 이 골목 저 골목을 누볐지요. 근묵자흑近墨者黑이라는 말이 있어요. '먹을 가까이 하는 사람은 검어진다'는 말인데, '나쁜 사람과 가까이 지내면 나쁜 버릇에 물들기 쉽다'는 뜻이에요.

두 청년도 조금씩 나쁜 버릇에 물들기 시작했어요. 술을 마시는 것은 기본이었고, 돈도 없는 주제에 술을 마셔 놓고는 깽판을 치기도 했어요. 홧김에 물건을 닥치는 대로 던지고 부수었지요. 이런 일은 점점 일상이 되었고, 그들에게는 어떻게 살아야 하는지 개념조차 없어 보였어요. 창창한 청년 시절이 온갖 방탕과 폭력, 갈등으로 얼룩져 가고 있었습니다.

그날도 둘은 친구들과 술을 마셨어요. 당연히 술자리는 1차로 끝나지 않았어요. 2차를 했고, 또 3차를 위해 자리를 옮기고 있었어요. 그러다가 우연히 건물에 걸린 현수막을 보게 되었습니다. 거기에는 '찾아라'는 말이 쓰여 있었어요. 그런데 이 한마디 말이 한 친구의 마음을 휘저었어요. 어떻게 살아야 할지 몰라 함부로 살고 있는 자신에게 건네는 말 같았거든요. 올바른 삶을 찾으라고 누군가 책망하는 것처럼 들렸습니다.

그 순간, 그는 새로운 삶을 살겠다고 결심하게 되었습니다. 물론 다른 한 친구는 이렇게 변한 그를 알 리가 없었지요. 친구와의 우정 때문에 조금은 마음이 흔들렸지만, 더 이상 방탕하게 살고 싶지 않았어요. 다행히 그는 자신의 결심을 지킬 수 있었습니다. 그러자 다른 친구는 이해할 수 없다고 화를 내면서 떠나갔어요. 이후 그는 공부를 시작했습니다. 독하게 공부한 결과, 감옥의 간수장이 될 수 있었어요. 이후 놀랍게도 버펄로시의 시장에 올랐고, 뉴저지주의 주지사까지 되었답니다. 그리고 마침내 미국의 대통령으로 당선되는 기적까지 이루어 냈어요. 그는 바로 미국 22, 24대 대통령 스티븐 그로버 클리블랜드입니다.

클리블랜드가 대통령으로 취임하던 날, 과거에 함께 술을 마시며 나쁜 짓을 했던 그 친구는 어디에서 무엇을 하고 있었을까요? 그는 교도소에서 신문을 통해 클리블랜드의 대통령 당선 소식을 접하고 있었어요. 알코올 중독자이자 범죄자였으며, 끔찍한 사형수로 교도소에 수감되어 있었던 것이지요. 그때 그는 무슨 생각을 하고 있었을까요? 만약 30년 전 그가 클리블랜드처럼 올바른 선택을 했더라면,

그의 운명도 달라졌을지 몰라요.

비슷한 처지에 있어도 어떤 선택을 하느냐에 따라 인생은 달라질 수 있어요. 클리블랜드의 청년 시절은 비록 어두웠지만, 그 경험들은 그로 하여금 더 올바른 삶을 살게 하는 기회가 되었습니다. 우리가 겪는 모든 문제들 속에도 우리가 알지 못하는 '운명적인 기회'가 숨어 있다는 것을 기억하세요!

04 샘 웰턴의 성공 비결

배움의 애티튜드Attitude는 누구에게든, 어떤 사건을 통해서든 무언가를 배우고자 하는 준비된 자세를 말합니다. 이런 애티튜드를 가졌던 사람이 바로 월마트의 창업자, 샘 웰턴이에요. 어느 날 그는 친구인 돈 소더퀴스트와 어느 초라한 가게에 들어갔습니다. 들어가는 입구부터 왠지 수상쩍었고, 역시나 들어가자마자 그들은 미간을 찌푸릴 수밖에 없었어요. 코를 자극하는 알 수 없는 이상한 냄새 때문에 코도 막아야 했습니다. 잔뜩 쌓여 있는 먼지들도 눈에 띄었지요. 정돈되지 않은 채 마구 흩어져 있는 물건들을 보니, 도무지 사고 싶은 마음이 생기지 않았습니다. 빨리 가게를 나가고 싶다는 생각만 들었어요. 결국 함께 갔던 친구는 가게를 뛰쳐나가고 말았어요. 얼마 후, 샘 웰턴이 밖으로 나오자 친구는 기다렸다는 듯이 크게 짜증을 내며 이렇게 말했어요.

"이렇게 더러운 가게는 정말 처음일세!"

하지만 샘 웰턴은 이런 친구의 말에 아랑곳하지 않고 눈을 반짝이며 말했습니다.

"친구, 혹시 스타킹 판매대를 보았나? 그 판매대는 내가 지금까지 본 판매대 중에 최고야! 마침 판매대 뒤에 제작자 연락처가 적혀 있더라고. 내가 기록해 두었으니, 빨리 회사로 가서 연락해 봅세!"

이처럼 샘 웰턴에게는 누구에게서나 '좋은 점만 보는 습관'이 있었습니다. 이것이 바로 샘 웰턴의 성공 비결이었어요. 반면 우리는 다른 사람의 단점만을 보고, 때로는 들추어내며 뒷담화를 자주 합니다. 하지만 누구에게나 단점은 있기 마련입니다. 결국 우리 자신도 누군가의 뒷담화 속에 등장할 수도 있는 것이죠.

우리에겐 생각의 전환이 필요해요. 누구에게나 치명적인 단점이 있듯이, 위대한 장점도 있다는 것을 알고 그것을 찾아서 배우는 거예요. 벌써부터 색다른 배움의 맛이 느껴지지 않나요? 내일부터라도 눈을 크게 뜨고, 마음에 들지 않는 친구들의 장점을 찾아보면 어떨까요? 이런 배움의 애티튜드가 여러분을 무한히 성장하게 할 거예요.

개구리 삼형제

어느 화창한 봄날, 개구리 삼형제는 설레는 마음으로 소풍을 갔습니다. 맛있는 간식도 많이 준비한 데다, 오랜만에 자유를 만끽할 것을 생각하니 너무 신이 났어요. 그렇게 긴장의 끈이 풀리자, 조심성도 사라졌나 봅니다. 개구리들의 장난이 점점 심해지고 있었어요. 바로 그때, 장난을 치던 개구리들이 그만 농부가 내놓은 큼지막한 우유통에 풍덩 빠지고 말았어요. 우유통이 얼마나 큰지 개구리들이 아무리 애를 써 봐도 빠져나올 수가 없었습니다.

첫째 개구리는 이렇게 말했습니다.

"도저히 안 되겠어. 할 수 있는 게 아무것도 없잖아. 이제는 포기할 수밖에 없어."

첫째 개구리는 그렇게 꼼짝하지 않고 우유 위에 둥둥 떠 있다가 결국 죽고 말았어요.

그러자 둘째 개구리가 눈물을 흘리면서 신을 원망했습니다.

"신이시여, 제가 무슨 잘못이라도 했나요? 왜 이런 큰 벌을 내리시는 겁니까? 정말 억울합니다."

둘째 개구리는 살고자 하는 의지는 있었지만, 신을 원망하느라 최선을 다할 수는 없었어요. 우유통 벽을 기어오르다 떨어지고를 반복하던 둘째 개구리도 결국 지쳐서 죽고 말았습니다.

하지만 셋째 개구리는 달랐어요.

"우유통에 빠진 것은 우리의 실수가 맞아. 하지만 분명히 빠져나갈 길이 있을 거야. 이대로 죽을 수는 없어!"

셋째 개구리는 열심히 헤엄을 치면서 밖으로 나갈 방법을 궁리했어요. 밤새 포기하지 않고 헤엄을 치던 셋째 개구리의 발끝에, 어느 순간 딱딱한 것이 느껴지기 시작했어요. 그가 밤새 열심히 우유를 저은 덕분에 우유가 굳어서 버터가 되고 있었던 것입니다.

"찾았다! 여기서 뛰면 밖으로 나갈 수 있을 거야!"

셋째 개구리는 발끝에 닿은 것을 딛고서 있는 힘을 다해 뛰었어요. 그리고 마침내 탈출할 수 있었답니다.

개구리 삼형제에게 닥친 시련은 똑같았어요. 그 시련을 극복하지 못한 첫째, 둘째 개구리는 죽고 말았어요. 하지만 자신의 실수를 인정하고 어떻게든 살아나갈 방법을 궁리하던 셋째 개구리는 살아남을 수 있었습니다.

살다보면 예기치 못한 사건들이 일어날 수 있어요. 어차피 닥친 시련이라면 원망하기보다는 어떻게든 헤쳐 나갈 방법을 찾고자 최선을 다하는 것이 지혜로운 것이에요. 우리의 포기치 않는 '몸부림'과 '발버둥'이 셋째 개구리와 같은 기회를 가져다 줍니다. 그래서 기적과 같은 일을 경험하게 되지요. 아무래도 하늘은 스스로 돕는 자를 도와주는 것이 아닐까요?

06 고이와 벼룩

일본인들이 많이 기르는 관상어 중에 '고이'라는 잉어가 있는데, 참 재미있는 물고기예요. 작은 어항에 넣으면 5센티미터 정도밖에 자라지 않지만, 연못에 풀어 주면 25센티미터까지 자라고, 강물에 방류하면 무려 1미터 안팎까지 자란다고 해요. 어떤 물에서 사느냐에 따라서 몸길이가 20배 이상 차이가 나는 것입니다. 우리가 잘 아는 금붕어도 연못에서 키우면 40센티미터 이상 자란다고 하니 참 놀라운 일이지요?

또 하나의 놀라운 생물이 있어요. 바로 벼룩입니다. 벼룩은 자기 몸의 200배 높이를 뛰어오를 수 있다고 해요. 벼룩은 대단한 능력을 가진 높이뛰기 선수인 것입니다. 하지만 이 벼룩을 작은 병에 넣고 뚜껑을 닫으면 어떻게 될까요? 물론 뚜껑에 부딪혀서 높이 뛸 수 없지만, 처음에는 평소처럼 뛰어오르고자 최선을 다한다고 해요. 하지

116

만 뚜껑에 몸이 부딪힐 때마다 현실이라는 벽을 느끼게 돼요. 더 세게 뛸수록 벽에 부딪히는 고통은 클 거예요. 그래서 고통을 줄이고자 조금만 뛰어오릅니다. 그렇게 점점 자신의 능력을 잊어버리지요. 결국 벼룩은 자신이 있는 공간의 높이만큼만 뛸 수 있게 됩니다.

얼마 후 뚜껑을 열어 벼룩을 꺼내 놓으면 어떻게 될까요? 다시 200배 높이를 뛸 수 있을까요? 아닙니다. 벼룩은 병 속에서 길들여진 높이만큼만 뛴다고 해요. 200배의 능력을 가지고 있지만 여전히 보이지 않는 '병'에 갇혀서 실력을 발휘하지 못하는 거예요.

고이와 벼룩을 통해서 모든 존재는 저마다 가진 잠재력이 있음을 알 수 있어요. 얼마든지 커질 수 있고, 뛰어오를 수 있습니다. 그 잠재력을 어떻게 끌어낼 것인지, 어떻게 실력을 발휘할 것인지가 중요한 문제지요. 그 첫 단추가 되는 것이 '생각'입니다. 크게 생각하면 크게 될 수 있어요. 하지만 우리 생각의 크기가 작은 어항만 하다면? 작은 생각 속에 갇혀서 더 이상 큰 생각을 할 수 없어요. 그러나 생각의 크기가 세계적이고, 우주적이라면 상황은 달라집니다.

우리의 생각은 지금도 성장 중입니다. 항상 어린아이처럼 유치할 줄 알았는데, 어느 순간 주위를 살필 줄 알게 되고 다른 사람을 배려할 줄도 알게 되지요. 생각이 성장한 거예요. 자기라는 한계에 갇혀 사는 사람은 자기중심적인 생각밖에 할 수 없어요. 하지만 그 한계를 깨면 비로소 비범하고 위대한 세계로 나아가게 됩니다.

우스갯소리로 '정말 나쁜 사람'은 '나뿐인 사람'이라고 해요. 자기 생각만 한다면 결코 위대한 삶을 살 수 없어요. 우리가 위인전을 읽는 이유는 그들이 가진 생각의 크기를 배우고자 하는 데 있어요. 여러분이 좁은 생각의 세계를 뛰어넘어 200배 훌륭한 생각, 200배 위대한 생각을 하게 되길 바랍니다.

땅콩 선생님

미국의 한 시골 학교 선생님이 자동차의 왕이자 큰 부자였던 헨리 포드에게 다음과 같이 편지를 썼어요.

> 안녕하세요? 제가 있는 곳은 워낙 가난한 학교라
> 피아노를 살 돈이 없습니다.
> 1000달러만 기부해 주시면 피아노를 치며
> 아이들과 즐겁게 노래를 부를 수 있을 거예요.

얼마 후, 드디어 포드에게 답장이 왔어요. 선생님은 설레는 마음으로 봉투를 열었어요. 하지만 봉투 속에는 고작 10센트가 들어 있었어요. 무시를 당한 것 같아 화가 날 법도 했지만, 선생님은 아무 말 없이 땅콩 10센트어치를 사 왔어요. 그리고 그것을 학교 텃밭에 심어 정성껏 키웠고, 몇 달 뒤 수확할 수 있었습니다. 그렇게 수확한 땅콩을 내다 팔았지만 수익은 얼마 되지 않았어요. 선생님은 포드에게 돈을 보내 줘서 감사하다는 편지와 함께 땅콩을 판 이익금의 일부도 보냈어요. 그렇게 선생님은 해마다 감사 인사와 수익의 일부를 보내고, 나머지는 다시 땅콩을 사서 심었습니다.

5년이라는 세월이 흘렀습니다. 선생님은 포드에게 드디어 피아노를 살 수 있게 되었다는 마지막 편지를 보낼 수 있었어요. 그리고 얼마 후, 포드에게서 답장이 왔어요. 그 안에는 편지와 함께 만 달러가 들어 있었습니다. 편지의 내용은 다음과 같았습니다.

> 선생님이야말로 제가 만난 최고의 사람입니다.
> 선생님에게 돈이 아니라 저의 진심을 보냅니다.
> 저는 참으로 감동을 받았습니다.

사실 포드에게는 간절하게 도움을 청하는 사람들이 많았어요. 그래서 포드는 그들을 불쌍히 여기고 열심히 도왔지만, 막상 그가 돈을 기부하면 사람들은 고맙다는 말 한마디가 없었지요. 그런 태도에 많이 실망했던 포드에게 선생님은 큰 감동을 준 거예요.

우리에게 1000달러가 없다고 절망할 일은 아닙니다. 우리 모두에게는 '10센트'라는 가능성이 있으니까요. 주어진 것에 감사하면서 최선을 다하는 모습이 필요합니다. 혹시 이런 가능성을 모른 채 누군가를 원망하면서 썩히고 있지는 않나요? 여러분도 땅콩 선생님처럼 단 10센트로도 세상을 감동케 하는 삶을 살면 좋겠습니다.

나비가 된
번데기

화창한 어느 봄날이었어요. 개미 한 마리가 먹이를 찾아 분주히 돌아다니고 있었습니다. 그러다가 번데기를 만났어요. 번데기는 꾸물꾸물 몸을 움직이긴 했지만, 그 자리에서 꼼짝할 수 없는 상태였어요. 번데기는 나비가 되기 바로 직전이었지요. 개미와 번데기는 처음 만나 서로를 잘모르는 상황인데도, 개미는 대뜸 번데기를 무시했어요. 움직이지 못하는번데기가 너무 한심해 보였기 때문이에요.

"너는 참 불쌍한 운명을 타고 난 동물이구나! 정말 안됐다. 나는가고 싶은 곳은 어디든 맘대로 다닐 수 있거든. 저 높은 나무 꼭대기라도 올라 갈 수 있단 말이지. 그런데 넌 뭐니?"

번데기는 개미의 무례한 말을 잠자코 듣고만 있었어요. 그리고 며칠이지난 후, 개미는 번데기를 만났던 곳을 다시 지나치게 되었습니다. 그런데참 이상한 일이지요. 이 자리에는 분명히 번데기가 있었는데 어디론가 사라지고 없었으니까요. 그곳에는 번데기의 빈 껍데기만 놓여 있었습니다.

개미는 알 수 없다는 듯 어리둥절한 표정을 짓고 있었어요.

바로 그때였습니다. 갑자기 개미의 머리 위쪽으로 시커먼 것이 다가왔어요. 개미가 얼른 고개를 들어 쳐다보니, 멋진 날개를 가진 나비가 하늘을 날고 있었어요. 개미는 나비가 한없이 부러웠습니다. 바로 그때 나비가 말했어요.

"개미야, 나야, 나! 알아보겠니? 저번처럼 자랑 좀 해 보지 그래!"

이 말을 한 후, 나비는 멋진 날개를 펄럭이며 하늘 높이 날아갔어요. 개미는 꿀 먹은 벙어리처럼 아무 말도 할 수 없었답니다.

트리나 폴러스의 작품 《꽃들에게 희망을》에도 비슷한 이야기가 나옵니다. 땅을 기어다니는 애벌레는 나비의 세계를 알지 못해요. 이 땅 저 땅 아무리 많이 기어다닌 애벌레라 해도, 마치 세상의 모든 것을 아는 것처럼 생각하면 안 돼요. 그가 알지 못하는 산 너머의 이야기도 수없이 많고, 신비한 하늘의 이야기도 너무나 많기 때문입니다.

개미가 나비의 세계를 알지 못하듯, 우리도 온 세상을 다 알 수는 없어요. 다만 애벌레가 나비가 되듯, 우리 자신이 변화될 때 조금 더 알 수 있을 뿐이에요. 그래서 변화는 좋은 것입니다. 약간의 두려움이 따를 수도 있지만 변화는 성장하고 있다는 표시예요. 사춘기 시절에 겪는 신체의 변화, 마음의 변화가 그렇습니다. 그러므로 우리는 다가오는 모든 것에 대해 열린 마음을 가져야 해요. 또한 아직 잘 모르는 낯선 세계이므로 겸손해야 합니다. 다 안다는 생각을 버리고 미지의 세계를 탐험하듯 설레는 마음으로 생활하면 좋겠어요.

09 붕새 이야기

붕새는 《장자》의 소요유逍遙遊편에 나오는 상상 속의 새입니다. 붕새는 북쪽 바다에 사는 상상의 물고기 '곤'이 변해서 된 것이라고 해요. 그 크기는 헤아리기 어려울 정도로 크고, 한 번에 9만 리(약 3만 6000킬로미터)를 날아오를 수 있어요. 상상이 안 되죠? 붕새가 날개를 펼치면 구름처럼 하늘을 뒤덮을 정도입니다. 이런 붕새가 날갯짓을 하면 어떻게 될 것 같나요? 아마 이 땅의 모든 것이 날아가 버릴지도 모르지요.

그런데, 붕새에게는 아주 특이한 점이 있어요. 추운 북쪽 바다를 벗어나 끊임없이 따뜻한 남쪽 바다로 날아간다는 거예요. 이것은 세상의 삶(곤)을 벗어나 깨달음을 얻은 상태(붕새)로 날아올라, 하늘나라(남쪽 바다)에 가고자 하는 것을 의미한다고 해요. 즉, 붕새는 어디에도 얽매이지 않는 자유롭고 위대한 존재를 의미합니다.

어느 날, 새들이 모여서 여유로운 한때를 보내고 있었어요. 그때, 따뜻한 남쪽 나라에서 방금 도착한 제비가 말했습니다.

"얘들아, 정말 신기한 새가 있는데 들어 볼래? 이름은 붕새라고 해. 이 붕새가 날개를 펴면 그게 하늘에 드리운 구름처럼 보인대! 이 새가 남쪽 바다로 여행할 때는 파도가 3000리(약 1200킬로미터)나 출렁이고, 회오리바람을 타고 하늘 높이 9만 리를 올라가서 여섯 달을 날아간 뒤에야 쉰다는 거야. 정말 대단하지 않니?"

이 말을 들은 비둘기와 참새가 비웃었어요.

"우리는 있는 힘을 다해도 얼마 날지도 못하고 땅에 떨어지는데, 붕새가 9만 리를 올라간다고? 말이 되는 거니? 그렇게 해서 남쪽 바다를 간다고? 그걸 네가 봤어? 그런 새가 있기나 해?"

우리가 사는 세상에는 큰 생각을 가진 사람도 있지만, 자기 한계에 갇혀서 '우물 안의 개구리'처럼 사는 사람도 있어요. 올챙이는 개구리의 세계를 잘 모를 테고, 애벌레도 나비의 세계를 알 수 없지요. 위대한 생애를 살아간 사람들은 자기 생각의 한계, 즉 틀을 깨고 나온 사람들입니다. 그러므로 우리가 위대한 삶을 살고자 한다면 그들의 말을 들어볼 필요가 있어요. 우리에게 새롭고 위대한 꿈과 비전을 주기 때문입니다.

위에 나오는 이야기는 사실 말도 안 되는 상상 속 이야기예요. 하지만 우리의 생각을 확장시킬 수 있는 부분이 분명 있다고 생각해요. 줄탁동시啐啄同時라는 말이 생각납니다. 알 속의 병아리가 껍질을 깨고 나오기 위해 껍질 안에서 쪼는 것을 '줄'이라고 해요. 그리고 어미 닭이 밖에서 쪼아 깨뜨리는 것을 '탁'이라고 합니다. 이 두 가지가 동시에 행하여지므로 '줄탁동시'라고 말해요. 만약 알 속의 병아리가 '줄'하지 않거나, 어미 닭이 '탁'하지 않는다면 알 속의 병아리는 죽을 때까지 그 안에 갇혀 지내야 할지도 모르는 거죠.

그러므로 우리도 한계를 인정하고 '줄'해야 해요. 동시에 누군가의 도움을 받아 '탁'해야 하는 거고요. 우리의 삶에 줄탁동시가 있을 때, 우리는 비로소 우물 안의 개구리를 벗어날 수 있습니다. 애벌레를 벗어나 나비의 세계를 경험할 수 있는 거예요. 붕새처럼 어디에도 얽매이지 않는 자유를 경험할 수 있어요. 자, 이제 우리도 줄탁동시를 시작해 봅시다.《내 안에 잠든 거인을 깨워라》책 제목처럼, 내 안에 잠자고 있는 위대한 나를 깨울 수 있길 바라요.

10 안데르센의 꿈

안데르센은 동화 《미운 오리 새끼》로 우리에게 잘 알려져 있어요. 그는 1805년에 덴마크에서 태어났어요. 아버지는 구두 수선공이었고, 어머니는 세탁일을 하며 겨우 생계를 이어가고 있었습니다. 힘든 삶을 탓하며 술에 의지하던 아버지는 결국 알코올 중독자가 되었어요. 안데르센은 어린 시절에 술 취한 아버지로부터 심하게 학대를 당하곤 했어요. 하지만 이런 아버지라도 곁에 있을 때가 좋았지요. 안데르센이 열한 살 때, 아버지는 갑자기 돌아가시고 말았습니다. 안데르센은 초등학교도 마치지 못한 채 공장에서 일을 해야만 했어요. 힘든 하루하루의 연속이었죠.

그러던 어느 날, 안데르센에게 꿈이 생겼어요. 바로 연기자가 되고 싶었던 거예요. 하지만 그 꿈은 못생긴 얼굴 때문에 좌절되고 말았습니다. 다음 꿈은 작가가 되는 것이었어요. 하지만 이 역시 그렇다할 두각을 나타내지 못했습니다. 안데르센에게 꿈이 없는 것은 아니 었지만, 세상은 그의 뜻대로 되지 않았어요. 참으로 답답한 노릇이었 지요. 외모로 인해 좌절의 경험을 맛본 데다, 자질이 부족하다는 이 유로 작가의 꿈도 접어야 할 판이었어요. 그런데, 문득 어린 시절 이 웃집 할머니가 해 주셨던 말이 생각났어요.

"너는 커서 아주 훌륭한 인물이 될 거야!"

극장 감독의 말도 생각이 났습니다.

"너는 훌륭한 작가가 될 수 있을 거야!"

이에 그는 포기하지 않았고 더욱 최선을 다했어요. 그 결과, 안데 르센 동화집이라는 이름으로 동화집을 출간할 수 있었습니다. 그가 쓴 《성냥팔이 소녀》, 《엄지 공주》, 《백조 왕자》, 《벌거숭이 임금님》, 《인어 공주》 등은 사람들에게 깊은 감동을 주었어요. 특히 1843년 에 출간한 《미운 오리 새끼》는 그의 명성을 최고조에 달하게 했어 요. 그 공로로 덴마크 정부로부터 국민 훈장을 받기도 했답니다. 참 고로 세계를 휩쓸었던 애니메이션 〈겨울 왕국〉의 원작은 안데르센 의 《눈의 여왕》이지요. 그는 자신의 성공 비결을 이렇게 말했습니다.

"고난과 역경이 제게는 큰 축복이었습니다. 가난했기 때문에 《성냥 팔이 소녀》를 쓸 수 있었고, 못생겼다고 놀림을 받았기 때문에 《미 운 오리 새끼》를 쓸 수 있었으니까요."

동화 속에서 미운 오리 새끼는 단지 못생겼다는 이유로 환영받지 못했어요. 하지만 나중에는 자신이 백조라는 것을 깨닫고, 결국 하늘을 아름답게 날아오릅니다. 이 동화는 곧 안데르센의 체험적인 이야기였어요. 안데르센은 자신의 역경을 성공과 도약의 발판으로 삼았던 것입니다.

불행한 어린 시절이 인생의 전부는 아니에요. 꿈이 여러 번 좌절되었다고 해서 인생이 실패한 것도 아닙니다. 우리는 안데르센을 통해 눈에 보이는 불행과 실패는 성공과 도약의 발판이 될 수 있음을 배웠어요. 금광맥이 땅속 깊은 곳에 은밀하게 숨겨져 있는 것처럼, 조물주께서도 귀한 능력을 여러분 속에 숨겨 놓으셨어요. 불행과 실패는 그곳으로 인도하는 안내자입니다. 우리가 할 일은 포기하지 않고 그 안내자를 따라가는 거예요. 그리고 마침내 우리 안에 감춰진 그 보배를 발견해 내는 것입니다.

11 하버드와 NBA

제레미 린은 중국계 미국인입니다. 그는 세계 최고의 대학인 하버드 대학교 경제학과에 입학했어요. 대학만 졸업하면 보장된 미래를 꿈꿀 수 있었죠. 하지만 그에게는 NBA에서 세계적인 농구 선수로 뛰고 싶은 꿈도 있었어요. 대개 운동선수가 되고자 하는 사람들은 공부를 소홀히 하는 경우가 많습니다. 하지만 린은 그렇지 않았어요. 한 손에는 책을, 다른 한 손에는 농구공을 들고 미래를 준비했지요. 이것만 봐도 그는 대단한 집념의 사람임에 틀림없어요.

놀랍게도 린은 하버드를 졸업한 후, 골든스테이트에 입단하게 됩니다. NBA에서 받아 줄 수 있을 정도의 실력을 갖추었다는 뜻이에요. 하지만 그는 25게임 평균 2.6점의 저조한 성적을 거두었고, 그의 존재감은 새의 깃털보다 가벼웠어요. 농구를 좀 '한다' 했는데, NBA에 와 보니 그의 실력은 새발의 피처럼 아무것도 아닌 것 같았지요. 그는 결국 팀에서 방출되었습니다. 시험 삼아 그를 트레이드했던 팀이 있었는데, 2주만에 다시 방출해 버렸어요.

이런 상황에서 린이 할 수 있는 것은 무엇일까요? 농구 선수의 꿈을 접고, 경제학도로서 다시 시작하는 거예요. 그로 말할 것 같으면, 세계 최고 하버드대 출신이잖아요!

그러나 린은 농구를 포기하지 않았어요. 연습에 연습을 거듭했습니다. 린은 '할 수 있다'는 마음가짐으로 목표만 생각했고, 목표에 집중했어요. 얼마나 혹독한 연습을 했던 것일까요? 이후 그의 기본기는 누구와 견주어도 떨어지지 않을 만큼 탄탄해졌어요.

어느 날 운명적인 기회가 그를 찾아왔어요. 한 달 계약 선수로 새로운 팀에 입단하게 된 거예요. 시험 삼아 그를 트레이드한 팀은 뉴욕 닉스였어요. 그럼에도 불구하고, 린은 늘 벤치 신세였지요. 하지만 이미 모든 면에서 준비된 그의 마음에는 여유가 있었어요. 세상과 자기 자신을 바라보는 눈, 동료들을 바라보는 눈이 달라졌어요. 자신이 농구를 얼마나 잘하는지 보여 줘야 한다는 강박 관념에서도 자유로워졌지요. 그의 입에서는 따뜻한 응원의 함성이 흘러나오기 시작했습니다.

이런 그에게 또 한 번의 특별한 기회가 찾아왔습니다. 주전 선수들의 부상으로 그가 뛰게 된 거예요. 그런데 기적이 일어났어요. 린이 짧은 시간 안에 25득점의 활약을 보이며 팀의 승리를 이끌었습니다. 평균 2.6득점의 선수가 무려 10배인 25득점의 선수가 되었다는 것은 참으로 놀라운 일이지요.

이후 그의 팀은 6연속 승리를 거두게 되는데, 승리의 주역은 린이었어요. 6연승을 하던 날, 경기는 87대 87의 동점 스코어였고 종료까지 10초를 남겨두고 있었어요. 그때, 린은 농구 코트 중앙에서 머뭇거리고 있었습니다. 모두가 가슴을 졸이며 저 선수가 왜 저럴까 의아해하고 있었어요. 바로 그 순간, 린은 그 먼 거리에서 단 5초를 남기고 중거리 슛을 날렸어요. 그리고 그 공은 허공을 날아서 멋진 아치를 그리며 골인이 되었지요. 그는 일약 영웅이 되었습니다. 이후로도 린의 활약은 계속 되었고, 그의 이야기는 다큐멘터리로도 제작이 되었답니다.

여러분에게 말하고자 하는 것은 단순히 린의 '성공'만이 아니에요. 꿈에 대한 열정, 포기하지 않는 집념, 겸손, 연습, 끊임없는 배움과 성장 등 '삶의 자세'를 강조하고 싶습니다.

세상은 당장의 시험 점수로 우리를 평가해요. 물론 시험 점수도 무시할 수는 없지만, 여러분에게 더 필요하고 중요한 것이 있어요. 그것은 모든 면에서 '성장'하는 것입니다. 유아적 삶의 자세를 버리고, 더 성숙한 모습으로 성장하는 삶을 추구해야 한다는 거예요. 여러분에게는 무한한 잠재력과 성장 가능성이 있기 때문입니다.

12 최고의 만남

유성룡과 이순신의 인연을 아시나요? 많이 알려지지는 않았지만, 이들의 만남은 아주 위대한 만남입니다. 임진왜란이 일어나기 전, 유성룡은 선조 임금에게 이순신을 추천했어요. 이로 인해 이순신은 종6품에서 7단계나 높은 정3품이 되었고, 전라 좌수사가 되어 온 힘을 다해 바다를 지킬 수 있었습니다. 사실 유성룡과 이순신은 한 동네에서 자랐기 때문에 누구보다 서로를 잘 알고 있었어요. 그래서 이와 같은 파격적인 인사를 할 수 있었던 것입니다. 만약 어린 시절 유성룡과 이순신의 만남이 없었다면 어떻게 되었을까요? 임진왜란의 결과는 알 수 없는 일이 되었을 거예요. 어쩌면 우리나라의 역사가 달라졌을지도 몰라요. 아주 끔찍한 일이죠.

연예계에서도 손꼽히는 유명한 만남이 있어요. 바로 개그맨 박명수와 유재석의 만남입니다. 오랜 시간 무명에 가까웠던 박명수는 유재석을 만나 비로소 그의 진가를 발휘하게 되었어요. 이후 그는 2012년에 연예대상을 수상했고, 한때 많은 프로그램들을 단독 진행하기도 했지요. 영원한 2인자라는 컨셉과 별명을 얻었지만, 최근 라디오 진행에서는 1인자로 인기를 누리고 있어요. 물론 박명수 특유의 개성과 입담이 있기는 하지만, 유재석과의 만남이 없었다면 아마도 오늘의 박명수는 없었을지도 모릅니다.

또한 축구계에서는 히딩크와 박지성의 만남이 유명해요. 만약 이 만남이 없었다면, 지금의 '산소 탱크' 박지성은 존재하지 못했을지도 몰라요. 또한 우리나라에서 프리미어 리그 축구의 인기도 지금처럼 높지 못했을 것입니다.

이와는 반대로 잘못된 만남도 있어요. 이완용은 우리나라 역사에서 최고로 악명 높은 사람 중 하나입니다. 그는 고종이 세운 신식 학교에서 헐버트라는 사람을 만난 후, 친미 세력의 도움을 받아 우리나라의 독립을 이루고자 했어요. 하지만, 그것이 뜻대로 잘 되지 않았고 결국 이완용은 일본의 이토 히로부미를 만나게 되었습니다. 이후, 그는 완전히 돌변하여 우리나라를 철저히 일본에 팔아 버린 장본인이 되었어요.

당 현종과 양귀비도 잘못된 만남입니다. 당시 나라를 부흥시켰던 당 현종이 양귀비와 만나면서 당나라를 몰락시켰기 때문이에요.

이렇게 만남은 민족의 역사와 개인의 운명을 바꾸는 힘이 있어요.

좋은 만남은 모두가 존경하는 역사적 인물이 되게 해요. 하지만 잘못된 만남은 개인과 가족, 국가와 민족을 몰락시키기도 합니다. 가수 노사연은 이렇게 노래했어요.

"우리의 만남은 우연이 아니야…"

노랫말처럼 우리의 만남은 우연이 아닙니다. 어쩌다 우연히 만난 게 아니라는 거예요. 그래서 사람들은 옷깃만 스치는 사이도 의미있는 만남이라고들 말합니다. 그러므로 아무나 마구 만나기보다는 최고의 만남을 위한 신중함이 필요하지요.

위에서 말한 최고의 만남들을 보면 그 대상이 선생님일 수 있고, 친구 또는 동료일 수도 있어요. 더 나아가 한 권의 책, 우연히 접한 좋은 영상, 자주 듣는 음악, 심지어 내가 좋아하는 교과목이 될 수도 있습니다. 우선 우리가 가지는 만남들을 소중하게 생각해야 해요. 그리고 그 만남이 '최고의 만남'이 될 수 있도록 온갖 정성을 기울여야 합니다.

13 2.75달러가 만든 거물

어느 열한 살 소년이 나름대로 거금을 투자해 책 한 권을 샀어요. 책의 가격은 2.75달러였지만, 너무 가난했던 소년은 이마저 할부로 사야 했습니다. 하지만 이 책 덕분에 소년은 스스로를 훈련하면서 남들과 다른 길을 묵묵히 걸어갈 수 있었어요.

소년은 벽돌 공장에서 일했는데, 어른들은 그가 어리다고 봐주지 않았어요. 아주 힘든 일을 시켰고, 조금만 실수를 해도 흙덩이를 던지거나 주먹질을 했어요. 그 때마다 소년은 책 내용을 생각하며 스스로 다짐했습니다.

'두고 봐. 더 열심히 일해서 성공하고 말 거야.'

이후 소년은 낮에는 일을 하고 밤에는 공부를 했어요. 아버지가 돌아가시자, 가족의 생계까지 떠맡아야 했지만 그는 절망하지 않았어요. 오히려 다른 사람들을 위해 열심히 봉사하는 삶을 살았지요. 어느 날, 교회로 들어가는 길이 엉망으로 방치되어 있는 것을 본 소년은 벽돌을 새로 깔기로 결심했어요. 하지만 소년 가장이 무슨 돈이 있다고 이런 엄청난 계획을 세운 걸까요? 그의 계획은 거창하지 않았어요. 단지 벽돌을 매일 한 장씩 사서, 차근차근 길을 깔기 시작한 것이지요. 이런 소년의 모습을 본 어른들은 큰 충격을 받았습니다. 이후 그 길은 얼마 되지 않아 멋지게 완성될 수 있었습니다.

스물세 살이 된 소년은 남성 의류점을 시작했어요. 그리고 서른한 살 때에는 세계 최초의 백화점 주인이 되었어요. 이후 그는 뉴욕에 진출했고, 브로드웨이에 큰 백화점을 세웠습니다. 그는 YMCA의 창설자로서, 전 세계에 수많은 YMCA 빌딩을 지어 봉사하는 삶을 실천했어요. 심지어 미국의 체신부(현재 정보 통신부)장관이 되기도 했답니다. 그의 이름은 바로 '백화점 왕' 존 워너메이커입니다.

이후 그가 투자하는 것이면 무엇이든 대단한 성공을 거두었어요. 시간이 흘러 백발의 노인이 된 존 워너메이커에게 한 신문 기자가 이런 질문을 했습니다.

"지금까지 투자한 것 중 가장 성공적인 것은 무엇입니까?"

그러자 그는 주저 없이 이렇게 대답했어요.

"제가 열한 살 때 2.75달러를 주고 산 책입니다. 그 책이 오늘의 저를 만들어 주었기 때문입니다."

여러분도 지금 투자하세요. 여러분의 미래를 빛나게 할 최고의 투자를 해 보는 거예요. 존처럼 한 권의 책을 사는 것도 좋습니다. 열

독하는 것은 아주 훌륭한 투자니까요. 틈틈이 운동하는 것도 좋아요. 친구에게 친절을 베푸는 것, 집중해서 수업에 참여하는 것도 최고의 투자가 될 수 있어요. 이 책의 내용을 실천으로 옮겨 보는 것도 최고의 투자가 될 수 있겠네요. 중요한 것은 지금 바로 투자하는 거예요. 이처럼 미래를 위해 투자하는 삶을 사는 사람과, 투자는커녕 매일 낭비하는 생활만 하는 사람의 미래는 분명 다르게 다가올 겁니다. 여러분의 미래를 위해 아낌없이 투자하는 것, 꼭 잊지 마세요!

S trong
T arget
O pportunity
R ecover
Y es

4장

● — Recover 스토리 — ●

회복하는 삶

STORY

우리는 언제나 성공적인 삶을 사는 것은 아닙니다. 때로는 실수도 하고
실패도 해요. 불행처럼 보이는 많은 일을 경험할 수도 있지요. 그렇다고 해서
우리의 삶이 끝나는 것은 아니에요. 얼마든지 다시 회복할 수 있습니다.
피곤할 때 잘 먹고 푹 쉬고 꿀잠을 자면 우리 몸이 회복되듯이, 우리의
정신도 좋은 마음을 먹고 좋은 생각을 하면 어느 순간 완전히 정화됩니다.
그래서 새롭게 다시 시작할 수 있는 거예요.

01 도마뱀을
살린 것은

1964년 즈음, 일본 도쿄 올림픽을 앞두고 있었던 일입니다. 스타디움을 확장하기 위해, 지은지 겨우 3년 밖에 되지 않은 집을 헐어야 했어요. 그런데 지붕을 뜯던 중 사람들이 신기한 것을 발견했습니다. 도마뱀 한 마리가 꼬리에 못이 박힌 채 몸부림치고 있던 거예요. 사람들은 생각했어요.

'이 집이 지어질 때 이렇게 된 것 같군. 지나가던 도마뱀의 꼬리에 우연히 못이 박힌 것이지. 그리고 그 상태로 쭉 있었던 거야!'

이렇게밖에 설명이 되지 않는 상황이었지만, 그렇다고 해서 그것을 믿을 수도 없는 노릇이었어요. 못이 박힌 도마뱀이 3년 동안이나 죽지 않고 살아 있다고? 말도 안 되는 일이었지요. 사람들의 궁금증은 더욱 커져만 갔어요. 그래서 그 이유를 알아보기로 했습니다. 일단 철거 공사를 중단하고, 사흘 동안 숨을 죽인 채 도마뱀을 관찰했어요. 한동안은 아무 일도 일어나지 않았습니다. 못 박힌 도마뱀이 몇 차례 몸부림하면서 혀를 날름거리는 정도였어요.

그런데 바로 그때였어요. 사람들은 자신의 눈을 의심했습니다. 비슷하게 생긴 다른 도마뱀 한 마리가 먹이를 입에 물고 나타난 거예요. 약간의 경계심을 보이긴 했지만, 도마뱀의 행동은 한두 번 해 본 것 같지 않았어요. 그리고 마치 기다렸다는 듯이 반갑게 먹을 것을 받아 먹는 도마뱀의 모습도 눈에 띄었어요. 세상에 이런 일이 있을 거라고는 상상도 못했습니다. 사람들은 계속 지켜보기로 했어요. 그랬더니, 하루에도 몇 번씩 도마뱀 한 마리가 먹이를 물어다 주는 것이었습니다.

이제는 또 다른 궁금증도 생겼어요. 이 두 도마뱀은 과연 어떤 사이일까? 부모와 자식? 친구 사이? 아니면 서로 사랑하는 사이? 하지만 그들이 어떤 사이인지 알 수는 없었습니다. 특별한 관계가 아니라 그저 함께 모여 살던 평범한 동료일 수도 있는 것이지요.

한번 생각해 보세요. 못 박힌 도마뱀은 처음에 얼마나 놀라고 무서웠을까요? 그리고 살기 위해 얼마나 몸부림쳤으며, 그때의 고통은 얼마나 컸을까요? 또한 그렇게 고통스러워하는 모습을 지켜보고만 있어야 했을 다른 도마뱀은 얼마나 마음이 아팠을까요?

도마뱀에게 언어가 있다는 말은 아직 들어보지 못했어요. 말 못하는 이들은 오직 눈짓, 표정, 몸짓으로만 서로의 마음을 나누었을 것입니다. 사고를 당한 도마뱀이 고통하며 절망할 때, 다른 도마뱀은 어딘가로 가서 먹이를 물어 왔어요. 입으로 먹을 것을 건네주면서 어떤 표정을 지었을지도 궁금하네요. 아마 힘내라고, 절망하지 말라고, 살아야 한다고 무언의 눈짓과 표정을 지었을 것 같아요.

못 박힌 도마뱀은 너무 슬픈 나머지 먹을 것을 거부했을지도 모릅니다. 왜 이런 일이 하필 나에게 일어났느냐며 화를 냈을 수도 있어요. 하지만 곁을 떠나지 않고 계속 먹을 것을 날라다 주는 도마뱀의 우정과 사랑을 보면서 위로가 되고 안심이 되었을 거예요. 나만 살자고 네 곁을 떠날 수 없다는 그 표정과 몸짓을 통해 용기를 얻었을 거예요. 그렇게 그는 자신에게 닥친 불행을 잘 극복할 수 있었고, 결국 자유의 몸이 되었습니다.

아주 작고 사소한 도마뱀의 이야기지만 결코 작지 않은 감동이 느껴지지요? 이 아름다운 이야기를 통해 우리 스스로를 돌아보게 됩니다. 내가 생각 없이 내뱉은 말들이 날카로운 못이 되어 누군가에게 상처를 주었을 수도 있어요. 혹시 나의 도움을 필요로 하는 사람들이 있는지 주변을 살펴 보세요. 도마뱀의 사랑과 우정처럼 우리도 누군가를 위로해주고, 함께해 줄 수 있으면 좋겠습니다.

빛과의 전쟁

 '빚더미에서 탈출한 이종룡의 눈부신 부활 프로젝트, 3억 5000만 원의 전쟁!' 아주 거창하고 진지하며 엄숙하기까지 하죠? 이것은 책 제목이기도 합니다. 10년 동안 하루 두 시간씩만 자면서 일곱 개의 아르바이트를 하여 3억 5000만 원의 빚을 갚아나가는 이야기예요. 주인공 이종룡 씨는 젊은 시절 옷 가게, 술집, 과일 가게 등 여러 사업에 도전했지만 번번이 실패했어요. 그러다가 자신이 일하던 시계 도매점을 덜컥 인수하게 되었습니다. 자기 돈이 아닌 친척들과 은행에서 빌린 돈이었지요. 그래도 직원이 세 명이나 되었고, 잘나갈 때는 하루 순이익이 그 당시 100만원이나 되었어요.

 갑자기 사장님 소리를 듣게 되자, 허세가 생겼던 모양이에요. 씀씀이가 날로 커지던 그는 명품 구두를 신고, 명품 시계를 차고 다녔어요. 그러다가 IMF 사태를 만났고 1억원의 빚을 지게 되었어요. 만약 이때라도 정신을 차렸더라면 괜찮았을지 몰라요. 하지만 대책 없이 매장을 유지

하려 했던 것이 문제가 되었어요. 1억 원이던 빚은 금세 3억 5000만 원으로 불어났습니다.

이때 그가 선택한 것은 야반도주였어요. 하지만 신용 불량에, 주민 등록까지 말소되어 살 수가 없었어요. 다행히 주변의 도움으로 잠시 위기를 넘길 수 있었습니다. 이후 열심히 일하는 사람들의 모습을 보고 깊은 깨달음을 얻은 그는 기필코 빚을 다 갚고야말겠다고 결심했어요. 혹시 마음이 약해질까봐 치아 두 개를 뽑아내기까지 했습니다. 이후 그는 마음이 약해질 때마다 비어있는 잇몸에 혀를 넣어 보곤 했답니다.

이종룡 씨는 빚을 갚는 동안 하루 두 시간만 잠을 잤어요. 목욕탕 일이 끝나면 시끄럽고 불편한 보일러실에서 거의 죽은 듯이 잤습니다. 제대로 먹지도 못했어요. 하루에 일곱 개의 아르바이트를 해야 했기 때문에 밥 먹을 시간도 없었던 거예요. 그가 했던 아르바이트는 목욕탕 청소, 신문 배달, 떡 배달, 폐지와 고철 수집, 학원 차량 운전 등이었어요. 이종룡 씨는 하루 20시간을 일했고 400킬로미터를 운전했습니다. 운전 중에도 중간중간 신문 판촉을 하고 폐지를 주워 팔았어요. 고생해서 모은 한 달 수입은 고스란히 빚 청산을 위해 송금했지요. 이렇게 10년을 초인처럼 살았습니다. 그리고 마침내 2008년 1월, 마지막 남은 100만원의 빚을 송금하는 그의 눈에서는 뜨거운 눈물이 하염없이 흘렀습니다.

이종룡 씨의 사연은 우리에게 많은 것을 생각하게 합니다. 우리는 운 좋게 성공할 수도 있지만 하루아침에 큰 어려움을 당할 수도 있어요. 만약에 이런 어려움이 닥쳐온다면 여러분은 어떻게 하시겠어요? 물론 잘 헤쳐 나가리라 믿어요.

우선 누구나 어려움을 겪으며 산다는 것을 기억해야 합니다. 중요한 것은 그런 위기의 때에 어떻게 하느냐예요. 자포자기할 수도 있지만, 어려움에 맞서 끝까지 도전할 수도 있어요. 알바왕처럼 굳게 마음을 먹는다면 혹시 실패했더라도 다시 회복되어 건강하고 행복한 삶을 살 수 있습니다.

03 노르웨이 라면왕

　혹시 '노르웨이 라면왕'을 아나요? 바로 노르웨이의 라면 브랜드 '미스터 리'의 창업자, 이철호 대표입니다. 과거 김대중 대통령이 오슬로에서 노벨 평화상을 받을 때, '미스터 리 조국의 대통령'으로 소개될 정도로 그는 유명 인사였어요. 게다가 미스터 리는 20년 동안이나 노르웨이 라면 시장의 80퍼센트 이상을 차지해 왔어요. 노르웨이에서 이 라면을 모르는 사람은 사실상 없다고 할 수 있습니다.

　이철호 대표는 1937년 충남 천안에서 태어났어요. 그런데 그가 중학생일 때 6·25 전쟁이 터졌고, 난리 통에 가족과 생이별을 해야 하는 아픔을 겪었습니다. 전쟁고아가 된 것이죠. 이후 그는 전쟁 중에 큰 부상을 당하게 되었어요. 당시 그의 나이는 열일곱 살이었습니다. 상처가 제법 컸던지 의사들은 회복이 어렵다고 했고, 결국 치료도 중단되었어요. 바로 그때, 그를 불쌍히 여긴 노르웨이 의료진이 물심양면으로 돕기 시작했어요. 결국 노르웨이에서 치료를 받을 수 있는 길이 열렸고, 다행히 그는 기적적으로 생명을 건질 수 있었습니다.

이후 그는 노르웨이에 남기로 했어요. 물론 낯선 외국에서의 새로운 삶이 순탄했을 리 없습니다. 말도 통하지 않고, 아는 사람 하나 없는 남의 나라에서의 삶은 정말 쉽지 않았어요. 밤에는 언어를 배우고, 낮에는 온갖 궂은일을 하면서 호텔 식당의 청소까지 했어요. 고단한 하루의 연속이었습니다. 하지만 그의 끈기와 성실함을 사람들이 알아주기 시작했어요. 특히 호텔 요리사들에게 인정을 받은 그는 요리 공부를 시작할 수 있었어요.

그러던 어느 날, 노르웨이에서도 한국식 라면이 통할 것 같다는 생각이 이철호 대표의 머릿속에 스쳤어요. 그는 특유의 끈기와 성실함을 앞세워 열심히 라면을 개발했습니다. 현지인의 입맛에 맞아야 했기 때문에, 수많은 시행착오를 겪어야 했지요. 그리고 1989년, 드디어 '미스터 리'라는 라면 브랜드가 탄생하게 되었습니다.

하지만 상품화하는 것이 문제였어요. 낯선 이방인의 라면을 대뜸 받아 주는 곳은 어디에도 없었습니다. 그는 수없이 많은 문전박대를 거쳐야 했어요. 마치 거절당하기 위해 태어나기라도 한 것처럼 거절의 연속이었어요. 일어나면 거절당하고, 거절당하기 위해 밥을 먹고, 밥을 먹은 후에도 거절을 당했어요. 그리고 다음 날도 거절당하기 위해 잠자리에 들었지요. 하지만 포기하지 않았습니다. 왜냐하면 자신의 브랜드가 통할 것이라는 확신이 있었기 때문이에요.

이철호 대표는 거절당할 때마다 항상 90도로 깍듯하게 인사했어요. 그러고는 다시 찾아가기를 반복했습니다. 그러다가 겨우 판매대 귀퉁이에 라면을 진열할 수 있는 기회가 생겼어요.

그의 이런 노력이 금방 결실을 거둔 것은 아니었어요. 3년이라는 인고의 시간이 필요했습니다. 드디어 때가 되자 상점들이 그의 라면을 찾기 시작했고, 정식으로 주문하기에 이르렀어요. 미스터 리 라면은 그의 확신대로 곧 현지인들의 입맛을 사로잡았어요. 유명세를 얻은 이철호 대표는 방송에도 출연하게 되었고, 그의 이야기가 교과서에 실리기도 했어요. 그는 이제 노르웨이의 라면왕이 되었습니다.

전쟁고아로 거의 죽을 뻔 했지만 도움의 손길로 그가 살아난 것을 보면 우리가 사는 이 세상은 아직은 살 만한 곳입니다. 마음이 따뜻한 사람들이 많아요. 또한 끈기를 가지고 성실한 자세로 임하면 그에 합당한 기회들이 주어져요. 세상은 절대 혼자 살아가는 곳이 아닙니다. 서로 도움을 주고 받으며 함께 살아가는 곳이죠. 이렇게 살고자 힘쓰다 보면 세상은 더욱 살기 좋은 곳이 될 것입니다.

04 펌프와 마중물

　여러분은 마중물에 대해 들어 본 적이 있나요? 마중물은 펌프와 관련이 있어요. 펌프는 이제 박물관에나 가야 볼 수 있는 것이 되었네요. 펌프가 있기 전에는 우물물을 떠다 마셔야 했답니다. 제가 살던 동네에도 우물이 두 개 있었는데, 매일 그곳에서 물을 길어 와야 했어요. 생각해 보면 펌프는 아주 발전한 최신 시설이었죠.

　펌프가 없는 여름은 상상할 수조차 없었어요. 한여름에 학교가 끝나고 집에 오면 얼마나 더웠겠어요? 남자아이들은 집에 오자마자 윗옷을 훌러덩 벗어던졌어요. 그리고는 펌프 밑에 넙죽 엎드렸지요. 그러면 엄마가 열심히 펌프질을 해서 땀난 아들의 등을 시원하게 해 주셨어요. 지하수가 얼마나 차가운지 알았기 때문에 아직 물이 나오기 전인데도 온갖 호들갑을 떨곤 했습니다. 겁이 나서 펄쩍펄쩍 뛰며 도망치기도 했어요. 하지만 일단 시원한 물이 등에 떨어지면 곧 적응될 것도 알았기 때문에 꾹 참았지요.

지하수에 몸이 적응되면, 그때부터는 천국에 온 것처럼 무아지경이 되었어요. 등만 시원하게 했는데도 더위는 사라져 버리고 온몸과 마음이 시원해졌어요. 이것을 '등목'이라고 불렀는데, 등목이 끝나면 엄마는 수건으로 정성스레 등을 닦아 주곤 하셨지요. 하지만 이게 끝이 아니었습니다. 동생을 시켜서 펌프질을 하게 했고, 머리도 감았어요. 장난끼가 발동하면 펌프의 물로 물장난을 하기도 했죠.

여기서 질문이 있습니다. 수도는 수도꼭지만 돌려도 물이 콸콸 나오지만 펌프는 펌프질을 한다고 해서 물이 나오지는 않습니다. 그럼 펌프는 어떤 원리에 의해 물이 나오는 것일까요?

펌프에서 물이 나오게 하려면 '마중물'이라는 것이 필요해요. 마중물은 쉽게 말해서 시원한 지하수를 데려오는 물 한 바가지입니다. 일단 이 마중물을 펌프에 부어야 해요. 그리고 그 물이 밑으로 빠져나가기 전에 재빨리 펌프질을 해야 합니다. 만약 펌프질을 대충 한다거나, 힘들다고 중간에 쉰다거나, 너무 느리게 하면 아까운 물만 버리는 거예요. 시원한 지하수는 구경할 수 없습니다. 그러므로 지하수가 나올 거라고 믿으며 신속하게 해야 해요. 그러면 결국 시원한 지하수를 얻을 수 있어요.

어린 시절 펌프에서 흘러나오는 시원한 지하수를 바가지에 받아 벌컥벌컥 들이켰던 기억이 생생합니다. 그 물이 얼마나 달콤했던지요! 앞서 말했듯이 그 물은 머리에도 붓고, 때로는 발에도 붓고, 우리집 강아지에게도, 병아리들에게도, 고양이에게도 시원하라고 부었습니다. 엄마 밥하실 때 퍼다 드리기도 했어요.

자, 이제 여러분들에게 '감사 펌프', '사랑 펌프', '기쁨 펌프'를 소개합니다. 이 펌프들을 공짜로 나누어 드리려 해요. 앞서 이야기한 펌프의 원리를 잘 생각해 보면 시원한 감사, 넘치는 사랑, 충만한 기쁨을 아무 때나 쉽게 맛볼 수 있어요. 그뿐 아니라, 잔뜩 퍼서 여기저기 나눌 수도 있습니다.

때로는 우리 마음속에 조금의 감사도 남아있지 않은 것처럼 느껴지는 순간이 있어요. 하지만 여러분이 받은 것들을 조금만 생각해 보면 그것이 마중물이 됩니다. 여러분을 향한 부모님의 사랑을 조금만 떠올려 보세요. 바로 그것이 마중물이 된답니다.

마중물 없는 펌프가 요란하듯 우리의 마음도 똑같아요. 그러므로 내가 받은 작은 은혜와 사랑을 잘 기억해야 합니다. 하나씩 일기에 써 보는 것도 좋고, SNS에 차곡차곡 기록을 남겨도 좋습니다. 잊혀지기 전에 신속하게 해 보세요. 아마 때가 되면 여러분이 가진 마음의 펌프가 잘 작동하여 행복한 마음들이 흘러넘치게 될 거예요.

우울증도 괜찮아!

《해리 포터》는 20세기 최고의 판타지 소설로 불리며 많은 사랑을 받았어요. 지금까지 팔린 책만 약 4억 5000만 부 이상입니다. 이 소설을 쓴 영국의 J.K. 롤링은 이미 세계적인 대스타가 되었어요. 하지만 이렇게 유명해지기 전, 그녀는 홀로 아기를 키우는 가난한 이혼 여성에 불과했습니다. 아이에게 먹일 분유 값조차 없어 전전긍긍해야 했어요. 그녀는 좌절감, 절망감으로 몹시 우울했습니다.

하지만 롤링은 허름한 아파트에서, 그것도 심각한 우울증과 싸우면서 해리 포터 시리즈를 썼어요. 그리고 마침내 《해리 포터와 마법사의 돌》을 완성할 수 있었습니다. 하지만 그게 다가 아니었어요. 또 다른 난관을 마주해야 했습니다. 그녀의 글을 받아주는 출판사가 없었던 거예요. 롤링은 무려 열두 개의 출판사로부터 거절을 당해야 했습니다. 그리고 마침내 열세 번째 만에 책을 출간할 수 있었어요.

그녀가 겪은 삶의 고통은 작품 속에 고스란히 나타나 있습니다. 해리 포터 시리즈 3권 《해리 포터와 아즈카반의 죄수》에 등장하는 인물 중 검은 후드를 쓴 얼굴 없는 괴물 '디멘토'를 기억하나요? 바로 이 캐릭터가 그 당시 롤링의 어두운 마음을 반영하고 있는 것 같아요. 그녀는 이렇게 말했어요.

"우울증은 죄가 아니다. 조금도 창피한 일이 아니다."

한 조사에 따르면, 우울증 환자의 약 60퍼센트는 자신이 병에 걸렸다는 사실도 모른 채 살고 있다고 해요. 증상이 나타난 후 치료를 위해 병원을 찾기까지는 평균 3년이나 걸린다고 합니다. 보건 복지부는 '성인 6명 중 1명이 지난 1년 동안 정신 질환을 앓은 적이 있다', '3명 중 1명은 평생에 한 번 어떤 종류든 정신 질환을 앓는다'라고 발표한 바 있지요.

어느 판사는 '우울증은 누구나 걸릴 수 있고 치료가 가능하다'라고 말하면서 자신의 우울증을 공개하기도 했어요. 기부 천사로 알려진 김장훈 씨도 〈인간극장〉에서 자신이 공황 장애를 앓고 있다고 공개한 적이 있습니다.

이렇듯 세상은 각종 질병으로 가득해요. 이런 환경에 우리는 노출되어 있는 겁니다. 그런데 우리는 항상 강할 수만은 없어요. 그래서 원치 않게 몸과 마음이 병들기도 합니다. 게다가 하는 일마저 잘 풀리지 않는다면 어떨까요? 당연히 많이 힘들겠죠. 하지만 이에 굴하지 말아야 합니다. 낙심하거나 절망하기보다, 롤링처럼 내가 할 수 있는 일을 찾아 최선을 다하면 활짝 웃는 날도 찾아오거든요. 오히려 어두운 경험으로 인해 나만의 놀라운 명작이 탄생할 수도 있는 거니까요.

06 시골 농부의 결혼반지

제가 살던 시골집에서 한 집 건너에 사시던 아저씨의 이야기입니다. 저희 마을은 논산평야가 자리 잡고 있는 드넓은 들판에 있었어요. 30여 가구가 옹기종기 모여 사는 작은 마을이었습니다. 마을 사람들은 대부분 논농사를 하며 사는 농부였어요.

농부들은 이른 봄에 모판을 만들고, 모(벼의 어린 싹)를 기릅니다. 또 중요한 것은 논에 물을 대고 어린 모를 땅에 심을 수 있도록 물속의 흙을 잘게 부수는 일이었어요. 아주 옛날에는 소를 이용했고, 점차 경운기를 사용하다가, 요즘은 트랙터로 그 일을 하고 있어요. 이것을 시골 용어로 '써레질'이라고 합니다.

아저씨는 물을 댄 논에서 경운기로 써레질을 하고 있었어요. 논은 적당한 크기로 구획이 나뉘어 있습니다. 삐뚤빼뚤했던 논이 1980년 초반에 바둑판처럼 바뀌게 되었지요. 아저씨는 400평(두 마지기) 정도 되는 논에서 일을 하셨어요. 아저씨는 아직 신혼이었고, 결혼반지를 낀 채 일을 하고 있었습니다. 그런데 큰일이 났습니다. 분명 아침에 반지를 끼고 나갔는데, 저녁에 돌아와 보니 손가락에 있던 반지가 없어진 거예요. 논에서 잃어버린 것이 분명했습니다. 그 소중한 것을 잃어버리다니! 반지가 없어진 사실을 알게 된 순간부터 아저씨는 안절부절했어요. 반지의 가격은 문제가 아니었습니다. 세상에 단하나밖에 없는 결혼반지였으니까요. 하지만 이미 밤이 어두웠기 때문에 할 수 없이 아침 일찍 나가 보기로 했습니다.

사실 넓은 논에서 작은 반지를 찾는 것은 서울에서 김서방 찾는 일과 같았어요. 아내가 뜯어말렸지만, 결국 아저씨는 동이 트자마자 논으로 달려갔어요. 그리고 샅샅이 뒤지기 시작했습니다. 열 개의 손가락들은 '반지를 찾아내야만 한다'는 일념으로 하나가 되어 유기적으로 움직였어요. 논은 물을 댄 상태였고, 잘게 써레질을 해 놓은 상태였습니다. 그래서 물속에 빠진 반지가 얼마나 가라앉았을지조차 알 수 없었어요. 그래도 아저씨는 찾고 또 찾았어요. 가능성이 얼마나 되는지에는 관심이 없었고, 오직 찾아야 한다는 생각만 있었습니다. 여기저기 더듬고 뒤지며, 혹여라도 놓쳤을까 봐 뒤졌던 곳을 또다시 확인하기도 했어요. 아저씨는 식사도 거른 채 계속 찾고 또 찾았습니다. 아주머니는 이제 괜찮으니 그만하라고, 새로 사면 된다고 계속 말렸지만, 아저씨는 아랑곳하지 않았어요. 그리고 마침내 기적이 일어났어요. 드디어 반지를 찾아낸 것입니다. 때마침 해 질 녘 저멀리 산을 타고 넘어가는 태양이 아저씨의 얼굴과 반지를 환하게 비추고 있었어요.

위 이야기는 '어떻게든 찾고자 한다면, 결국 찾을 수 있다'는 교훈을 줍니다. 결혼반지와 같이 소중한 가치를 지닌 것들은 우리에게도 있습니다. 혹시 여러분의 소중한 무언가를 잃어버리지는 않았나요? 혹시 티 없이 맑고 순수했던 어린 시절의 '동심'을 잃은 건 아닐까요? 작은 것에도 호들갑을 떨던 '감동'은 잘 간직하고 있나요? 세상 모든 것이 궁금하고 알고 싶었던 '호기심'을 잃어버렸을 수도 있겠군요. 아니면 간절한 꿈이나 친한 친구와 멀어지지는 않았나요? 소중하게 간직하려다 어느 순간 놓쳐 버린 추억일 수도 있습니다. 그렇다면 지금부터 찾아보세요. 찾을 수 있을 때까지 찾아보는 거예요. 간절하게 원한다면 반드시 찾을 수 있을 것입니다.

07 노메달의 굴욕

　제가 초등학교를 다닐 때는 '우등상'이라는 것이 있었어요. 일종의 성적 우수상입니다. 저는 초등학교 5학년 때만 유일하게 이 상을 받을 수 없었어요. 평균 점수 0.5점이 부족했기 때문이에요. 저와 가장 친했던 친구 두 명은 모두 우등상을 받았기 때문에 개인적으로 많이 우울했었답니다. 그런데 이 친구들이 우등상으로 받은 메달을 목에 걸고서 함께 기념사진을 찍자고 하는 거예요.

　당연히 저는 거절했습니다. 저만 메달도 없이 사진을 찍을 수는 없기 때문이었죠. 그런데 한 친구는 좋은 생각이 있다면서, 동생이 받은 메달을 빌려 주겠다고 했어요. 저는 어이없게도 그 제안을 받아들였습니다. 그때 셋이서 메달을 걸고 찍은 사진은 지금도 보관하고 있어요. 개인의 역사를 왜곡한(?) 사진 촬영이었지요. 이후 저는 그 사진을 볼 때마다 굴욕을 느껴야 했습니다. 사실 그래서 더 열심히 공부하게 되었는지도 몰라요.

학습 동기는 저마다 참으로 다양한 것 같아요. 칭찬과 격려, 자신감, 꿈과 열정, 그리고 굴욕…. 아무리 굴욕적인 일이라 해도 때로는 그것이 좋은 자극이 될 수도 있답니다. 굴욕적인 현재의 모습이 성공적인 미래의 모습을 만들어 내는 에너지가 될 수 있다니 참 아이러니하죠?

그러므로 우리는 한 가지 실패를 두고 땅이 꺼져라 한숨 쉴 필요가 없어요. 그저 좋은 보약을 먹었다고 생각하면 됩니다. 좋은 약은 입에 쓰기 마련이에요. 내가 어떻게 해석하고 소화하느냐에 따라 우리 인생의 좋은 발판이 될 수도 있는 것입니다. 이러한 생활 속 교훈을 생각해 보니, 항상 긍정적인 자세를 가질 수 있을 것 같죠?

이후 저는 이 친구들보다 공부를 더 잘할 수 있게 되었어요. 사실 초등학교 시절에 얼마나 더 잘했느냐를 따지는 것은 그리 중요하지 않아요. 다만 실패를 통해서 좋은 교훈을 배우는 일이 훨씬 중요합니다. 여러분에게도 여러 결핍이 있을 거예요. 결핍이 없는 사람은 없으니까요. 하지만 그 결핍이 여러분을 성공으로 이끌어 주는 좋은 에너지가 되면 좋겠습니다.

돈만 생각하는 사람

한 마을에 세 친구가 있었어요. 그들은 오랫동안 가깝게 지내 온 사이였습니다. 어느 날 그들은 일을 보기 위해 함께 큰 도시에 갔어요. 그들의 수중에는 제법 많은 돈이 있어서, 계속 가지고 다니기에는 불안했습니다. 낯선 타지에서 도둑이나 강도를 만날 위험이 컸기 때문이지요. 하지만 그렇다고 어디에 맡길 만한 곳도 없었어요. 그래서 그들은 돈을 어딘가에 은밀히 묻어 놓기로 했습니다.

그런데 어느 날, 돈을 묻어 놓았던 장소에 가 보니 돈이 몽땅 사라져 버리고 없는 거예요. 그들은 충격에 빠졌습니다. 그리고 서로를 의심하기 시작했어요. 서로의 알리바이를 캐물으며 추궁도 했어요. 하지만 모두 정색을 하며 자신은 아니라고 말했지요. 분위기가 점점 험악해졌습니다. 범인은 세 사람 중 하나가 분명한데, 그를 밝힐 수가 없었어요.

다음 날, 세 사람은 지혜롭기로 유명한 솔로몬 왕에게 갔습니다. 그리고 세 사람 중에 누가 범인인지 제발 가려 달라고 했어요. 솔로몬 왕은 잠시 눈을 감더니 생각에 잠겼어요. 그러고는 엉뚱하게도 이렇게 말하는 것이었습니다.

"먼저 여러분이 저를 도와주셨으면 합니다. 며칠 동안 풀리지 않는 골칫거리가 있거든요. 그럼 저도 여러분의 문제 해결을 도와드리겠습니다."

그들은 갑작스러운 왕의 제안이 당황스러웠지만, 범인을 잡으려면 어쩔 수가 없었어요. 솔로몬 왕이 이어서 말했습니다.

"어떤 젊은 여자가 한 남자와 결혼을 약속했습니다. 그런데 얼마 후, 여자는 다른 남자와 사랑에 빠지고 말았어요. 그래서 결혼을 약속했던 남자를 만나 헤어지자고 했지요. 기꺼이 위자료도 주겠다고 했습니다. 하지만 파혼을 당하게 된 남자는 자존심이 몹시 상했어요. 마음에 큰 상처를 받은 것입니다. 그는 위자료 같은 것은 필요 없다며 그녀를 떠나갔습니다.

그런데 얼마 후, 이 여자가 한 늙은 남자에게 납치를 당하게 됩니다. 그녀는 부모에게 상속 받은 유산이 많았는데, 늙은 남자가 그것을 노렸던 거예요. 이때, 여자는 늙은 남자에게 이렇게 말했습니다. '저는 결혼을 약속했던 남자와도 한 푼의 위자료 없이 잘 헤어질 수 있었습니다. 당신도 그렇게 해 주셔야겠습니다.' 너무 당돌한 여자의 말에 늙은 남자는 돈을 빼앗지 않고 그냥 놓아주었다고 합니다."

긴 이야기를 마친 후, 솔로몬 왕이 세 사람에게 물었습니다.

"이들 중에서 가장 칭찬받을 만한 사람이 누구라고 생각합니까?"

첫 번째 사람이 말했어요.

"파혼을 허락하면서도 위자료를 받지 않은 남자입니다. 여자의 의사를 존중하였고, 대가도 요구하지 않았으니 칭찬받을 만합니다."

그러자 두 번째 사람이 말했어요.

"아닙니다. 그 여자야말로 칭찬을 받아 마땅합니다. 그녀는 용기를 내어 약혼자에게 파혼을 요구했고, 진정으로 사랑하는 남자를 선택했습니다. 이것이야말로 칭찬을 받아야 합니다."

마지막으로 세 번째 사람이 말했어요.

"이 이야기는 도저히 이해가 안 됩니다. 위자료를 왜 안 받나요? 당연히 받아야죠! 그리고 돈을 뺏자고 납치까지 했는데, 돈도 안 받고 그냥 놓아주다니요. 에이, 말도 안 되는 이야기입니다."

그때, 솔로몬 왕이 큰 소리로 외쳤어요.

"바로 당신이 돈을 훔친 범인입니다!"

다들 깜짝 놀라 눈이 휘둥그레졌어요. 솔로몬 왕이 그렇게 판결한 이유는 무엇이었을까요? 영문도 모르는 채 있는 그들에게 솔로몬 왕이 말했습니다.

"다른 두 사람은 사람들의 관계와 그들 사이에서 일어나는 일에 주목했는데, 당신은 오로지 돈만 생각하고 있는 것으로 보아 당신이 범인임에 틀림없습니다."

요즘 사람보다 돈을 더 우선시하는 물질주의가 문제로 떠오르고 있습니다. 사람들은 점점 돈을 더 사랑하는 것 같아요. 돈 때문에 사람을 죽이기도 합니다. 돈이 조금 많으면 돈 없는 사람들을 무시하고 함부로 하기도 해요. 친구를 사귀어도 철저히 이해타산을 따지죠. 심지어 돈 때문에 가족에게 함부로 하거나, 패륜아처럼 행동하기도 해요.

만약 여러분에게 이런 모습이 있다면 당장 반성해야 합니다. 아무리 시대가 그럴지라도 여러분은 달라야 해요. 서로 아끼고, 이해하고, 보호하며, 배려하는 사랑을 실천해 보세요. 사랑이야말로 모든 것을 아물게 하고 회복하게 하는 최고의 명약이기 때문입니다.

09 최고의 발명품

우리에게는 인류 문명을 획기적으로 바꾼 발명품이 많습니다. 그 중 최고는 무엇이라고 생각하나요? 스마트폰 아니면 인터넷? 생각이 잘 나지 않는다면 보기를 드릴게요.

불, 문자, 종이, 인쇄, 전기, 전구, 나사, 페니실린, 달력, 바퀴, 나침반, 지우개, 도르래, 컴퓨터, 자동차 등….

자, 이제 정해졌나요? 여러분이 생각하는 가장 탁월한 발명품은 무엇인가요? 하나만 뽑는다면, 저는 주저 없이 '지우개'를 고르겠습니다. 의외라고요? 물론 더 대단해 보이는 발명품들이 있기는 해요. 하지만 지우개는 우리에게 놀라운 발상의 전환을 가능하게 했지요. 지우개는 '잘못된 것', '더러운 것'을 지울 수 있는 탁월함을 지니고 있습니다.

인간은 많은 실수를 하면서 살아요. 때로는 그 실수를 지워 버리고 싶은 마음도 간절하지요. 실수 하나 때문에 인생을 망치는 경우도 많아요. 그리고 이미 엎질러진 물이라는 생각에 깊이 절망하곤 합니다. 이처럼 '되돌릴 수 없다'는 부정적인 시각에, 지우개는 한 줄기 희망을 주었어요. 어떤 가수는 이렇게 노래까지 불렀답니다. '사랑을 쓰려거든 연필로 쓰세요!' 왜 연필로 써야 할까요? 연필로 쓰면 실수해도 지우개로 지울 수 있기 때문입니다.

지우개와 연결되어 떠오르는 말이 있어요. 바로 '용서'입니다. 나 또는 남이 실수한 것을 깨끗하게 지우는 것이 바로 용서예요. 아무리 더럽고 추한 죄를 지었더라도, 용서는 그 죄를 없는 것처럼 만들어 주지요. 그러고 보니, 우리는 용서라는 지우개를 모두 하나씩 가지고 있답니다. 용서는 누군가에게 줄 수 있는 최고의 선물이에요. 심지어 돈도 전혀 들지 않지요.

손양원 목사님은 자신의 두 아들을 죽인 원수를 용서했습니다. 심지어 그 살인자를 양자로 삼기까지 했어요. 그 내용은 《사랑의 원자탄》이라는 책에 기록되어 있어요. 용서는 원자탄과 같은 위력을 가지고 있습니다.

여러분이 가진 지우개를 필통 속에만 고이 두지 말고, 적극적으로 꺼내서 사용하기 바라요. 용서 받지 못할 만큼 큰 죄를 지은 사람은 없다고 생각합니다. 마음껏 용서의 지우개를 사용한다면, 용서 받은 사람은 물론 용서를 베푼 사람의 마음에도 놀라운 행복감이 깃들게 됩니다. 이것을 보면 용서야말로 '윈윈'이 아닐까요?

10 짜장면 한 그릇

　과거 예능 프로그램 〈무한도전〉에서 개그맨 정준하의 재수생 시절 이야기가 방영된 적이 있어요. 정준하는 요즘에도 '먹신'이라 불릴 만큼 아주 잘 먹는 것으로 유명합니다. 이런 그가 가난한 재수생 시절에는 얼마나 식욕이 왕성했겠어요? 어느 날, 그는 일단 먹고 보자 할 정도로 짜장면이 먹고 싶었습니다. 결국 그는 돈이 없어서 '먹튀'를 하고 말았어요. 이렇게 도망쳐야 했던 부끄러운 그의 옛 사연이 방송에 소개되었지요.

　몇 푼 안 되는 돈이었지만, 정준하는 20년 동안이나 부끄러움을 씻지 못하고 있었어요. 대개 10년이면 강산이 변한다고 합니다. 20년이면 이런 죄의식쯤은 잊어버릴 만도 하죠. 하지만 정준하는 그 사건을 잊을 수 없었고, 무거운 죄의식이 마음을 계속 짓눌렀던 거예요. 이에 제작진은 당시 중국집 주인을 수소문 끝에 찾아내 스튜디오로 데려올 수 있었어요. 정준하를 본 사장님의 첫 마디는 다음과 같았습니다.

"나를 찾아 줘서 고맙소. 이렇게 성공해 줘서 고맙소."

그리고 이렇게 말을 이었어요.

"다 내 자식 같았어요. 음식값을 안 내고 도망치는 아이들이 많았지만, 한 번도 뒤쫓아가서 붙잡은 적이 없었어요. '언젠가 저 녀석이 잘 되면 찾아오겠지'하고 기다렸지요."

이때 정준하는 오랜 세월 묵혀 온 감정이 폭발하고 말았어요. 말을 잇지 못한 채 눈물만 하염없이 흘릴 뿐이었어요. 당시 악랄한 캐릭터로 인기를 끌던 박명수조차도 숨어서 몰래 눈물지을 정도였습니다.

세상에서 가장 불행한 사람은 용서하지 못한 사람, 용서받지 못한 사람이라고 해요. 용서하지 못해서 미움과 분노로 살아가기 때문이요, 용서받지 못해서 죄의식에 시달리며 살아야 하기 때문입니다. 사람들은 알량한 자존심 때문에 '미안하다' 혹은 '용서한다'와 같이 짧은 한마디를 못하곤 합니다.

반대로 세상에서 가장 행복한 사람은 누구일까요? 용서한 사람, 그리고 용서받은 사람이에요. 용서야말로 진정한 회복을 가져다 주기 때문입니다. 마음의 여유를 가지고 상대를 용서해 보세요. 그리고 용기를 내서 용서를 구해 보세요. 용서를 통해 경험하게 되는 놀라운 감동의 세계가 펼쳐지게 될 거예요. 이미 용서 받은 사람이라면, 그 용서의 마음을 가지고 다른 사람을 용서할 수 있어요. 우리가 서로 이렇게만 할 수 있다면 세상은 참으로 살기 좋은 곳이 되겠죠?

11

존댓말의 힘

어느 날, 6학년 학생들이 운동장에서 합동 체육을 하고 있었어요. 깔깔거리는 웃음소리가 넘쳤고, 모두가 즐겁고 행복해 보였어요. 그런데, 유독 불만이 가득한 남자아이 하나가 있었어요. 무엇이 불만인지 선생님들을 큰 소리로 원망하고 있었습니다. 절대 사용해서는 안 될 비속어들이 거침없이 흘러나오고 있었지요.

마침 한 남자 선생님이 그 소리를 듣게 되었어요. 선생님은 일단 지켜보기로 했습니다. 자칫 잘못 건드렸다가는 일이 커질 것 같았기 때문이에요. 아이는 키도 크고 여드름도 많아서 결코 초등학생으로 보이지 않았어요. 하지만 들을수록 화가 났습니다. 아이의 무례함이 도를 지나쳤기 때문이에요. 그래서 선생님은 몇 마디 타일렀어요. 하지만 아이는 더욱 반발하면서 말대꾸까지 하는 것이었습니다. 보다 못한 선생님은 아이를 교실로 데려 왔어요.

아이의 눈빛은 금방 주먹이라도 휘두를 것처럼 사나웠어요. 선생님은 자기보다 덩치가 크고, 말투도 거친 이 아이가 살짝 겁이 났습니다. 하지만 훈계를 시작한 만큼 먼저 꼬리를 내리면 정말 교사로서 웃음거리밖에 되지 않을 것 같았어요. 아이는 서서 계속 씩씩거리고 있었고, 선생님은 앉아는 있지만 어떻게 해야 할지 몰라 당황하고 있었지요. 그런데 갑자기 평범하게 혼내면 안 되겠다는 생각이 들었습니다. 선생님의 머릿속엔 문득 존댓말이 생각났어요. 선생님은 살짝 높인 존댓말로 힘을 주어 호통을 치기 시작했습니다.

"키도 크고 멋지게 생긴 학생이 그런 험악한 말을 사용하면 어울린다고 생각하세요?"

"아무리 그래도 그런 막말은 때와 장소를 가려서 사용해야 하는 것 아닌가요?"

"도대체 선생님들을 어떻게 보고 그런 막말을 하신 거죠?"

그러자 선생님을 째려보던 아이의 눈빛이 아주 조금씩 부드러워지고 있음을 느낄 수 있었어요. 어느새 주도권은 선생님에게로 넘어왔고, 그것을 느낀 선생님은 부드러운 존댓말로 아이의 문제를 지적해 주었습니다. 위로도 해 주었고, 격려도 아끼지 않았어요. 처음부터 끝까지 철저히 존댓말로 아이를 높여 가며 이야기했지요. 아마 아이는 지금까지 이런 식으로 혼난 적이 없었을 거예요. 그런데 이후 신기한 일이 생겼습니다. 아이와 그 선생님과의 관계가 급격하게 좋아진 거예요. 아이는 존중을 넘어 존경을 느끼게 하는 말과 행동을 보여 주었어요. 그리고 아이와 함께하는 다른 친구들까지도 덩달아 선생님의 팔로워가 되었답니다.

위 이야기는 저의 체험담입니다. 제가 이렇게 존댓말을 쓰고자 마음먹게 된 계기는 저의 어린 시절로 거슬러 올라가요. 정확히 기억은 안나지만 4학년쯤 되었을 거예요. 지금은 반듯한 모범생(?) 같이 보이지만, 어린 시절에는 부모님 지갑에 손을 댔다가 부지깽이로 혼나기도 했답니다. 문제집을 산다고 하면서 남은 잔돈을 몰래 써 버리기도 했어요. 그런데 신기하게도 이렇게 살면 안 된다는 양심의 소리가 들려 왔어요. 이미 부모님의 신뢰를 잃은 듯했지만, 노력하면 반드시 만회할 수 있다고 생각했습니다.

그래서 시작한 것이 존댓말이었어요. 부모님 말씀에 꼬박꼬박 존댓말로 대답하기 시작했는데, 신기하게도 그럴수록 부모님이 저를 대하시는 태도가 조금씩 달라지셨어요. 그리고 어느 순간 저를 완전히 신뢰하신다는 느낌이 들었습니다. 이후에는 제가 어떤 말을 해도 부모님은 믿어주셨어요. 이런 부모님을 실망시켜드릴 수가 없어서 공부도 열심히 하게 되었지요.

이런 경험 때문인지 모르지만, 저는 공경이 담긴 존댓말이 나와 상대 모두를 살리는 선한 말임을 확신하고 있어요. 선한 말은 꿀송이 같아서, 사람의 마음을 기쁘게 합니다. 선한 말은 모든 파괴된 관계를 회복시키는 힘이 있어요.

12

가면 속의
남자

　험악한 얼굴에 인간미는 조금도 찾아볼 수 없는 한 남자가 있었어요. 성격도 괴팍한 그는 생활까지 아주 엉망이었어요. 방탕 그 자체였지요. 사람들 사이에서도 항상 문제만 일으켜서, 누가 봐도 구제불능 같았습니다. 그가 왜 이렇게까지 되었는지는 아무도 몰라요. 어린 시절에 겪었던 부모의 학대 때문이었을 수도 있고, 학창 시절에 당한 왕따 때문이었을 수도 있어요. 아니면 원래가 이렇게 못돼 먹은 존재였는지도 모릅니다.

　그런데 어느 날, 이 엉터리 같은 남자의 마음에 사랑이 싹트기 시작했어요. 그는 자기가 사랑하게 된 아름답고 순수한 여자를 찾아갔지요. 그리고 그가 할 수 있는 온갖 사랑의 말로 고백도 하고, 청혼도 했습니다. 용기를 내어 온갖 진심을 보여 주었지만, 돌아온 것은 싸늘한 거절뿐이었어요. 이유는 다음과 같았어요.

　"저는 당신처럼 험악하게 생긴 사람의 아내가 될 수는 없습니다."

참 매몰찬 거절이었지만, 그는 포기할 수 없었습니다. 어떻게든 그녀의 마음을 돌이키고자 생각하고 또 생각했어요. 그러다가 한 가지 아이디어가 떠올랐어요. 무도회에서 흔히 사용하는 가면을 이용하기로 한 거예요. 그는 많은 돈을 주고 인자하게 생긴 얼굴의 가면을 살 수 있었습니다. 그리고 가면을 쓰고 다시 그녀에게 청혼했어요.

그러자 놀랍게도 여자의 마음이 움직였어요. 달콤한 사랑의 말과 가면의 인자한 모습에 감동한 거예요. 남자는 결국 결혼을 허락 받을 수 있었습니다. 원래 선량함이란 눈 씻고도 찾아볼 수 없던 남자였지만, 자기가 원하던 여인을 신부로 얻자 그는 달라졌어요. 그는 사랑스러운 신부를 기쁘게 해주기 위해 열심히 일했습니다. '사랑한다'는 말도 아끼지 않았어요.

그렇게 단란한 가정을 이루고 행복하게 살아가고 있던 어느 날이었어요. 부부의 집에 한 손님이 찾아왔습니다. 그 손님은 예전부터 남자에게 악감정이 많았던 사람이었어요. 남자가 잠든 사이, 그는 여자에게 진실을 말해 주었어요. 가면 속에 감춰진 남자의 험악한 얼굴과 방탕한 과거, 추한 모습들까지 낱낱이 폭로했어요. 그것은 여자에게 큰 충격이었습니다.

여자는 남편의 진실을 알고 싶었어요. 그래서 잠든 남자의 가면을 슬그머니 벗겨보았지요. 그런데 남자의 얼굴이 드러난 순간, 그 손님은 충격적인 표정을 짓고 말았어요. 가면 속의 얼굴은 과거 그가 보았던 험악하고 추한 얼굴이 아니었던 거예요. 살며시 미소를 머금은 그의 표정은 그가 쓴 가면의 얼굴보다 더 인자하고 푸근하게 변해 있었습니다.

　이 이야기는 우리에게 한 가지 깨달음을 줍니다. 사람은 누군가를 계속 바라보면 자기도 모르게 그 사람을 닮게 됩니다. 《큰 바위 얼굴》 이야기도 비슷한 교훈을 준다고 할 수 있어요. 또한 사람은 마음속에 무엇을 품느냐에 따라 인상과 인격까지도 달라질 수 있습니다. 꿀벌은 그 안에 꿀을 품고 있지만, 독사는 그 안에 독을 품고 있어요. 순수한 사랑의 마음을 품고 있으면 그 사람의 표정도 사랑스러워지는 법이에요. 여러분은 마음에 무엇을 품고 있나요? 여러분도 이야기 속 행복한 위선자처럼 해 보세요. 머지않아 진짜 행복하고 선한 사람으로 변할 것입니다.

13

건드리지
마세요

　헤라클레스가 어느 날 아주 좁은 길을 가고 있었어요. 그는 자신이 세상에서 제일 힘이 세다고 생각했습니다. 그런데 한참 가다 보니 길 한가운데 사과 크기만 한 돌이 하나 놓여있었어요. 헤라클레스는 '감히 천하의 헤라클레스 앞을 가로막다니…'라고 생각하며 귀찮다는 듯 발로 차 버렸어요. 그러자 사과만 하던 돌은 어느새 수박 크기로 변했습니다.

　"어, 이것 봐라! 나를 놀려?"

　헤라클레스는 흥분하기 시작했어요. 그래서 이번에는 그것을 발로 힘껏 차 버렸습니다. 그런데 이번에는 바위 크기만큼 커져 버리는 것이 아니겠어요?

　"그래, 천하의 헤라클레스를 이겨 보겠다는 거지? 각오해라!"

　더욱 열이 받은 헤라클레스가 이번에는 들고 있던 커다란 쇠막대기로 돌을 힘껏 내리쳤어요. 하지만 놀랍게도 돌은 더욱 커지더니,

집채만 하게 되었습니다. 그래서 좁은 길을 꽉 막아버렸어요. 너무 화가 난 그는 잔뜩 얼굴을 찡그렸어요. 씩씩거리면서 발로 차기도 하고, 들어서 내치려고 애를 썼어요. 하지만 그럴수록 그의 얼굴은 더욱 일그러지기만 했습니다. 덩달아 더욱 커진 돌은 마침내 산더미처럼 변했습니다. 헤라클레스는 거대해진 돌에 눌려서 험상궂은 얼굴을 한 채 노려보고 있었어요.

이때 한 천사가 나타났습니다. 천사가 산더미만 한 돌을 향해 웃으며 아름다운 노래를 들려 주자 놀라운 일이 일어났어요. 돌은 순식간에 사과 크기가 되어 길 모퉁이에 툭 떨어지더니, 어디론가 사라져 버린 거예요. 깜짝 놀란 헤라클레스에게 천사는 웃으며 말했습니다.

"돌을 억지로 건드리지 마세요. 그것은 당신 마음속에 있는 화와 같아요. 건드리지 말고 가만히 두면 점점 작아지다가 없어지지만, 억지로 건드리면 더 커지기만 한답니다. 화는 낼수록 더 커지는 법이에요. 조금만 참으면 곧 잊혀진답니다."

헤라클레스뿐 아니라, 저도 본의 아니게 화를 내고는 금새 후회할 때가 얼마나 많은지 몰라요. 그럴 때면 온갖 부정적인 감정에 휩싸이게 됩니다. 이런 감정의 고리를 끊지 않고는 결코 행복할 수 없어요. 그렇다면, 부정적인 감정의 고리는 어떻게 끊어낼 수 있는 것일까요?

우선, 부정적인 감정도 나의 것임을 인정해야 해요. 다음으로, 가만히 그 감정을 느끼며 관찰해야 합니다. 급히 화를 내는 것은 불씨에 기름을 뿌리는 꼴이에요. 하지만 숨 고르기를 하면서 조용히 관찰하기 시작하면 놀라운 일이 벌어져요. 활활 타오를 것 같았던 그 불씨가 신기하게도 조용히 꺼집니다. 마치 산소 공급이 중단된 불씨가 더 이상 타지 못하는 것과 같지요. 마지막으로, 조금만 더 참아 봅니다. 꺼진 불도 다시 보는 마음으로 그렇게 해 보세요. 결국에는 빛과 같이 밝고 환한 감정이 느껴지기 시작할 거예요.

Strong

Target

Opportunity

Recover

Yes

5 장

Yes 스토리

긍정의 외침

STORY

멋진 긍정 안경을 써 보세요. 나 자신도 달라 보이지만, 온 세상이 달라

보입니다. 그리고 긍정의 힘으로 나만의 스토리를 만들어 보세요. 온갖

부정적인 기운마저도 아름다운 긍정으로 만드는 긍정의 달인이 되세요.

이런 사람이라면 세상의 모든 어두움이 피해갈 수 있지요. 긍정이야

말로 우리를 신나게 합니다. 긍정적인 자세는 나만의 자신 있는 스토리를

만들도록 이끌어 준답니다.

짜릿한 역전극

　2016년 리우 올림픽 펜싱 남자 에페 결승전이었어요. 우리나라의 박상영 선수와 헝가리 게자 선수가 맞붙게 되었어요. 15점을 먼저 따면 승리하는 게임에서, 13대 9로 박상영 선수가 4점을 뒤지고 있었어요. 승부를 뒤집기엔 늦었다고 생각했기에, 국민들 모두가 안타까워하고 있었습니다. 바로 그때 경기장의 소음을 뚫고 들리는 한 음성이 있었어요.

　"할 수 있다!"

　박상영 선수를 응원하는 관중석 누군가의 외침이었어요. 이 음성을 들었는지 박상영 선수가 즉각 반응을 했습니다. 그는 연신 고개를 끄덕이며 들릴 듯 말 듯한 목소리로 중얼거렸어요.

　"할 수 있다, 할 수 있다, 할 수 있다…!"

　박상영 선수는 세 번이나 '할 수 있다'고 말하며 주먹을 불끈 쥐었습니다. 그리고 관중의 응원에 답하듯 그는 대역전극을 시작했어요.

투사로서의 기질을 마음껏 발휘했고, 특유의 근성으로 집중하며 따라가기 시작했어요.

하지만 스코어는 14대 10이 되고 말았어요. 한 점만 내주면 경기가 끝날 상황이었고, 상대 선수는 이미 승리한 것처럼 여유가 있었어요. 사실 이유 있는 여유였지요. 박상영 선수는 5점을 연속으로 따내야 이기는 것인데 그럴 가능성이 매우 희박하기 때문이에요. 그런데, 게임은 재미있게 흘러갔습니다. 박상영 선수가 한 점 한 점 따라붙더니, 어느새 스코어가 14대 13이 된 것입니다. 관중들의 열기는 더욱 달아올랐어요. 한 점만 더 따라붙는다면, 금메달을 딸 수 있는 가능성은 더욱 높아졌습니다. 모두가 숨죽인 순간, 박상영의 칼끝이 상대의 허를 찔렀고 동점이 되었습니다. 이때 관중석 누군가의 외침이 또 한 번 들렸어요.

"하나만 더, 하나만 더!"

그리고 마침내 박상영 선수는 대역전극을 이루어냈어요. 그의 포효하는 몸짓을 통해, 많은 국민들이 '나도 할 수 있다'는 희망의 메시지를 얻게 되었습니다.

저는 매년 만나는 학생들에게 '할 수 있다 생각하고 도전하기'라는 꿈 재료를 나누어 줍니다. 꿈 재료는 꿈을 이루기 위해 필요한 모든 것을 말해요. 아무것도 없이 꿈을 이룰 수는 없잖아요? 꿈을 위해 필요한 것들이 많겠지만, 가장 중요한 것은 '긍정으로 무장한 자신감'이라고 생각합니다.

할 수 있다고 생각하면서 끊임없이 도전하는 자가 결국 승리합니다. 하지만 긍정적인 자신감이 아닌, 자만심을 가진다면 실패자가 될 수밖에 없겠지요. 박상영 선수를 기억하세요. 그가 벼랑 끝 상황에서 긍정적인 자신감으로 결국 승리를 거머쥔 것처럼, 여러분도 할 수 있답니다. 올림픽 관중석의 누군가처럼, 제가 여러분을 향해 외치겠습니다. "할 수 있다!"

뒤집기의 명수

갓난아이들의 첫 번째 미션이 무엇인지 알고 있나요? 바로 '뒤집기'입니다. 아기가 가만히 누워있는 모습은 무척 사랑스러워요. 그 작은 입술로 옹알거리는 모습을 보고 미소 짓지 않을 사람은 없을 거예요. 하지만 아기는 절대로 가만히 있지 않습니다. 혼자서 발차기를 하고, 고사리보다 작은 손으로 온갖 손짓을 하지요. 그러다 온몸을 뒤척이기 시작합니다. 그리고 일반적으로 생후 3개월 전후로 뒤집기에 성공해요. 5개월 이상 걸리는 아기도 있지만, 결국 자기 힘으로 뒤집기 미션을 완수합니다.

살다 보면 우리를 주저앉게 하는 일들이 얼마나 많을까요? 하는 일마다 잘 안 될 때도 있습니다. 실패가 거듭되면 아예 드러누워 버리고 싶기도 하지요. 일어나고 싶지만 일어날 힘이 없어요. 이때 우리는 어릴 적 젖먹던 힘까지 다해 뒤집기를 해야 합니다. 일단은 뒤집어야 해요. 뒤집기에 성공한다면, 일어나 걷고 뛰는 것은 시간 문제니까요. 그러면 여기서 말하는 뒤집기의 예를 살펴볼까요?

'자살'을 뒤집으면 '살자'가 되고, '역경'을 뒤집으면 '경력'이 되고, '문전박대'를 뒤집으면 '대박전문'이 되며, '내 힘들다'를 뒤집으면 '다들 힘내'가 됩니다. 또 'NO'를 뒤집으면 'ON'이 되고, 악惡을 의미하는 영어 'evil'을 뒤집으면, 삶을 의미하는 'live'가 됩니다.

우리도 뒤집기의 명수가 될 수 있어요. 꼴찌로 달리던 마라톤 선수가 마지막 순간에 초인적인 힘으로 결국 상황을 뒤집고 1위를 하는 경우를 종종 보게 됩니다. '할 수 있다'를 외치면서 멋지게 뒤집기를 한 박상영 선수도 그 예라고 할 수 있어요. 이런 긍정의 스퍼트는 반전을 위한 공식과도 같아요. 끝까지 최선을 다하는 자세가 얼마나 중요한지 가르쳐 주는 것입니다. 항상 이렇게 최선을 다하는 사람들이 대역전극이라는 감동을 연출하게 되지요. 이런 놀라운 저력은 여러분에게도 있습니다. 여러분, 명심하세요. 끝날 때까지 끝난 것이 아닙니다. 긍정의 힘으로 뒤집으세요!

나도
주먹이 있다

권투 선수 홍수환은 너무나 잘 알려진 챔피언입니다. 대표적인 뒤집기의 명수이기도 하죠. 그는 어린 시절, 권투를 좋아하던 아버지의 손에 이끌려 많은 권투 경기를 현장에서 관람할 수 있었어요. 이때부터 그는 챔피언을 꿈꾸기 시작했습니다. 사람들은 그가 머리가 좋다느니, 자질이 뛰어나다느니 말하지만 정작 그가 이야기하는 비결은 '연습'이었어요. 그는 스스로를 '지독한 연습 벌레'라고 했습니다.

지금으로부터 40년도 더 전인 1977년에 홍수환 선수는 푸에르토리코의 카라스키야라는 선수와 WBA 주니어 페더급 세계 챔피언 타이틀 매치를 했어요. 온 국민은 숨을 죽여 가며 이 경기를 시청했습니다. 그런데 이게 웬일입니까? 시작하자마자 홍수환 선수가 상대의 돌주먹을 맞고 다운이 되어 버린 거예요.

그래도 사람들은 응원의 말을 외쳤어요. "그럴 수도 있지. 파이팅이다!" 하지만 이후로도 두 번이나 더 힘없이 쓰러지고 말았어요. 화끈한 경기를 예상했던 국내 팬들은 실망감을 감출 수가 없었어요. 그 당시 경기를 시청하던 많은 국민들이 텔레비전을 꺼 버렸다고 합니다. 반면 상대편 나라는 온통 축제 분위기였어요. 푸에르토리코 대통령은 현장에서 경기를 관전하고 있었는데, '다 끝난 경기'라며 미소를 짓고는 기분 좋게 자리를 떴다고 합니다. 보나 마나 뻔한 경기라고 판단했던 거예요. 상대 관중들도 우리가 이겼다며 긴장의 끈을 놓고 있었지요.

하지만 홍수환 선수는 이번에도 일어났습니다. '일어난다고 뭐 달라지겠어?' 사람들은 그렇게 생각했어요. 역시나 그는 또 맞았고 다시 다운되었어요. 벌써 네 번째였습니다. 이쯤 되면 포기해야 할 것 같았어요. 실제로 모두가 포기하는 심정이었습니다. 사람들은 그가 더 이상 일어나지 말고 몸을 챙겨야 한다고 생각했어요. 무리하게 경기하다가 세상을 떠난 선수도 있었기 때문이에요.

그런데 바로 그 순간, 홍수환 선수는 다섯 번째로 일어났어요. 또 무기력하게 맞기만 할까 싶던 그가 이제는 상대를 때리기 시작했어요. 그의 움직임은 네 번이나 다운을 당한 선수답지 않았습니다. 그렇게 상대에게 달려드는 모습이 기특하게 느껴질 정도였어요. 그는 정말 필사적으로 주먹을 휘두르고 있었어요. 아마 카라스키야는 '뭐 이런 사람이 다 있나' 했을 거예요. 아무리 때려 눕혀도 오뚝이처럼 다시 일어나니 말이에요.

그러다가 홍수환 선수가 날린 주먹이 카라스키야의 턱을 강타했어요. 상대는 그 주먹을 맞고 쓰러지고 말았습니다. 물론 카라스키야도 다시 일어났어요. 이때 홍수환 선수는 다시 달려들어 펀치를 날렸어요. 온 힘을 다한 한 방이었습니다. 제대로 된 한 방임을 스스로 느낄 정도였지요. 결국 카라스키야는 또 쓰러졌고, 다시 일어나지 못했습니다.

그야말로 순식간에 거둔 KO승이었어요. 시끄럽던 관중석은 쥐 죽은 듯 조용해졌어요. 그들도 너무 놀라 할 말이 없었던 것입니다. 그때 우리나라는 온 나라가 흥분과 열광의 도가니였어요. 이것이 바로 그 유명한 4전 5기의 신화입니다. 이 승리는 온 국민에게 '우리도 할 수 있다'는 희망과 용기를 주었어요. 후에 홍수환 선수는 인터뷰에서 이런 말을 했다고 합니다.

"나도 주먹이 있다."

그의 주먹은 구원의 한 방, 승리의 한 방이었어요. 어떤 상황에서도 포기하지 않고 계속 일어나서 끝까지 주먹을 내뻗었기 때문에 승리할 수 있었지요. 혹시 자꾸 다운됩니까? 절망이 느껴지고, 계속된 실패에 자신감이 떨어지나요? 아니면 알 수 없는 미래 때문에 불안한가요? 홍수환 선수가 4전 5기의 신화를 썼고, 개구리 왕눈이가 일곱 번 넘어져도 일어나는 7전 8기의 신화를 썼다면 우리도 할 수 있습니다. 우리에게도 승리의 한 방이 있어요. 계속 일어나서 희망의 펀치를 내뻗어 보세요! 이렇게 외치면서요!

"나도 주먹이 있다!"
"나도 생각이 있다!"
"나도 할 수 있다!"

헬렌 켈러의
감사

헬렌 켈러는 1880년 미국 앨라배마주의 작은 시골에서 태어났어요. 처음에 그녀는 아무 문제가 없었어요. 하지만 생후 19개월이 되었을 때, 뇌척수막염으로 추정되는 병을 앓고 나서 시각과 청각을 모두 잃고 말았습니다. 그래서 볼 수 없고, 들을 수 없으며, 말할 수 없는 삼중고를 겪게 되었어요. 이후 아주 어릴 때 보고 들었던 빛과 소리의 기억은 점점 희미해졌어요. 그리고 마치 처음부터 그랬던 것처럼 어둠과 고요에 익숙해지게 되었지요. 자신의 마음을 사람들이 이해하지 못한다고 느낄 때면 감정이 폭발하기도 했어요.

여섯 살 무렵에는 설리번 선생님이 가정 교사로 방문했어요. 선생님의 도움으로 헬렌 켈러는 어둠에서 빛의 세계로 나아올 수 있었습니다. 특히 펌프를 이용해 처음으로 'water'라는 글자의 뜻을 이해하게 되었는데, 이것은 그녀에게 엄청난 사건이었어요. 언어의 신비를 깨닫게 되었기 때문입니다. 헬렌 켈러는 이제 촉감으로 세상과 소통하는 법을 배우기 시작했어요.

그녀는 숲 산책을 하면서 자연과 소통하였고, 그 아름다움에 감동했어요. 떡갈나무 속을 흐르는 수액의 작은 파동을 알게 되었고, 나뭇잎 하나하나를 어루만지듯 비추는 태양의 느낌도 알게 되었답니다. 그녀는 손끝으로 모든 사물과 교감했어요. 특히 손끝으로 하는 독서는 또 다른 기쁨과 즐거움의 세계로 인도했습니다. 다음은 헬렌 켈러가 남긴 글 중 일부입니다.

만약 내가 사흘만 볼 수 있다면… 첫째 날에는 나를 가르쳐 준 설리번 선생님을 찾아가 그 분의 얼굴을 바라보겠습니다. 둘째 날에는 새벽에 일찍 일어나 먼동이 터 오는 모습을 보고 싶습니다. 또 저녁에는 영롱하게 빛나는 하늘의 별을 보고 싶어요. 셋째 날에는 아침 일찍 큰 길로 나가 부지런히 출근하는 사람들의 활기찬 표정을 보고 싶습니다. 점심 때는 아름다운 영화를 보고, 저녁에는 화려한 네온사인과 쇼윈도의 상품들을 구경할 거예요. 그리고 집에 돌아와 사흘 동안 눈을 뜨게 해 주신 하나님께 감사의 기도를 드리고 싶습니다.

헬렌 켈러의 소원은 우리가 매일 누리고 있는 지극히 평범하고 일상적인 것들이에요. 생각해 보면 우리는 이런 사소한 것들을 너무나 당연하게 생각하고 있는 것 같아요. 조금만 생각해 보면 결코 사소한 것이 아닌데 말입니다.

여태까지 마스크 없이 마음껏 숨쉬는 것은 당연한 일, 사소한 일이었어요. 그래서 굳이 그에 대해 감사하지 않았습니다. 하지만 코로나바이러스가 퍼진 지금은 어떤가요? 마스크 없이 밖에 나가는 것, 밖에서 마음껏 숨 쉬고 대화하는 것은 우리가 간절히 바라는 '특별한 것'이 되었어요. 그러므로 지금 우리가 누리고 있는 작고 평범한 모든 것이 감사의 대상이 될 수 있습니다.

우리는 상황이 좋으면 감사하지만, 그렇지 않으면 감사하기 힘들다고 생각해요. 당연한 것은 당연한 것이라서 감사를 못하지요. 당연한 것인데 당연하지 않게 되면 그래서 또 감사를 못합니다. 그러므로 어떤 상황이든 감사를 하고자 마음 먹는 것이 중요해요. 어떤 상황에서도 감사할 거리는 있기 때문입니다. 헬렌 켈러는 감사하기 힘든 상황에서도 감사할 거리를 3000개나 찾을 수 있었다고 해요. 우리도 절대 사소하지 않지만 사소하게 그냥 지나치는 것들을 잘 살펴봐야 해요. 그 속에서 이전에 알 수 없었던 수많은 감사함을 찾을 수 있을 것입니다.

최고의 손가락

　인간의 손은 참 신기합니다. 다른 동물들에 비해 매우 발달되어 있어요. 이 발달된 손 때문에 놀라운 문명을 꽃피우고 문화를 발전시켰다고 주장하는 사람들도 많습니다. 재미있는 이야기를 해 볼까요? 하루는 다섯 손가락들이 모여서 서로 자기가 잘났다고 자랑을 했어요. 가장 먼저 엄지손가락이 말했지요.

　"나는 손가락 중에서 제일 굵고 힘이 세지. 사람들이 최고라고 할 때도 나를 사용하잖아. 그러니까 내가 최고야."

　그러자 집게손가락이 나서서 말했습니다.

　"야, 나가 있어! 무엇을 가리킬 때 항상 내가 하잖아. 나는 제일 똑똑하다고. 그러니까 내가 최고지."

　이번에는 가운뎃손가락이 나서서 말했어요.

　"이 조그만 것들이 까불고 있어! 키를 재 봐. 누가 제일 크냐? 그러니까 내가 최고야."

그러자 다음에는 네 번째 약손가락이 말했습니다.

"약혼 반지, 결혼 반지 낄 때 어디다 끼냐? 엄지에 반지 끼는 사람 봤어? 이 약지에 반지를 낀다고. 그러니까 내가 최고지."

이 이야기를 듣고 있던 새끼손가락은 갑자기 자신이 초라하게 느껴졌어요. 가장 작고, 힘도 약하고, 똑똑하지도 않고, 제일 끝에 있어서 눈에 잘 띄지도 않았기 때문이에요. 나중에 어떤 모습이 될지, 어떤 꿈을 가져야 할지도 몰랐어요.

바로 그때였어요. 다섯 손가락을 품고 있는 엄마 손이 새끼 손가락에게 말했어요.

"넌 약속을 지키려고 노력하는 소중한 마음을 가진 손가락이란다. 믿음과 희망을 전하는 아주 중요한 손가락이지!"

새끼 손가락은 자신도 다른 손가락들처럼 귀하고 소중한 존재라는 사실에 무척 행복했답니다. 그들의 말처럼 다섯 손가락은 어느 하나 필요 없는 것이 없어요. 전부 소중하고 귀한 존재입니다. 그중에 하나만 없어도 불편하기 그지 없답니다.

요즘 사람들은 반려견을 많이 키웁니다. 만약 롱다리가 최고의 기준이라면 웰시코기라든가 닥스훈트를 키우는 견주는 없어야 할 거예요. 또 말끔하게 생긴 얼굴이 기준이라면 못생긴 불도그를 키우는 견주도 없어야 해요. 하지만 그렇지 않아요. 모두가 개성이 있고 매력이 있기 때문입니다.

이와 같이 우리 각자는 다 귀하고 아름다우며 사랑스러운 존재지요. 인간은 그 자체로 최고의 걸작품입니다. 코가 높든 낮든, 얼굴이 달걀형이든 배추형이든 민주자유형이든, 턱이 주걱턱이든 사각턱이든, 머리가 좋든 안 좋든, 눈이 황새 눈이든 뱁새 눈이든, 숏다리든 롱다리든, 머리가 곱슬이든 말총이든… 우리는 그 자체로 최고이며, 세상에 둘도 없는 단 하나뿐인 독보적 존재예요. 서로 잘났다고 비교하며 싸울 것이 아니라, 서로 최고의 걸작품답게 뽐내고 자랑도 하되, 서로를 감상하며 감탄하고 칭찬도 해야겠지요.

온몸으로
듣는 소리

에블린 글레니는 열두 살 때 청력을 잃었어요. 소리를 들을 수 없기 때문에, 더 이상 음악은 할 수 없으리라 생각했어요. 우리의 상식으로도 불가능한 일입니다. 청력을 잃기 전의 기억을 가지고 혼자 중얼거리며 엉거주춤하게 춤출 수는 있겠지만, 전문 연주가로 살아가는 것은 말도 안 되는 일이지요. 그것도 혼자 연주하는 것이 아니라, 다른 사람들과 함께 세계 최고의 음악을 만들어 낸다는 것은 있을 수 없는 일입니다.

하지만 에블린은 불가능을 가능으로 바꾸었어요. 비록 청력을 잃었지만, 그녀에게는 자신이 좋아하는 연주를 계속하고자 하는 강한 의지가 있었어요. 물론 의지만으로 모든 것이 가능한 것은 아닙니다. 하지만 뜻이 있는 곳에 길이 있다는 말처럼, 그녀에게 길이 보이기 시작했어요. 20여 년의 끈질긴 노력이 있었기 때문이었습니다.

에블린은 소리를 어떻게 들을 수 있었을까요? 들었다기보다는 감지했다고 해야 할 거예요. 소리에는 진동이 있어요. 그 진동으로 뺨이 미세하게 떨리게 됩니다. 그녀는 온몸으로 그 소리의 진동을 감지했어요. 결국 몸과 마음으로 소리를 들을 수 있었습니다. 그래서 에블린은 항상 맨발로 무대에 올라 연습했다고 해요. 왜냐하면 마루를 통해 전해지는 소리의 진동을 발바닥으로 느끼기 위해서였지요. 귀가 아닌 발바닥으로 소리를 느껴서 듣는다니, 정말 놀랍지 않나요? 수많은 연습과 시행착오 끝에, 그녀는 결국 아주 작은 공기의 떨림만으로도 음의 높낮이를 완벽하게 구별할 수 있는 경지에 올랐어요. 심지어 보통 사람들이 들을 수 없는 소리까지도 듣고 느끼며 표현하는 최고의 타악기 연주자가 될 수 있었습니다. 에블린은 이렇게 말했어요.

"하나의 감각을 잃어버리면, 다른 감각들이 잃어버린 감각을 대신합니다. 듣는 방식이 바뀌는 것입니다. 그래서 저는 청중의 박수 소리도 느낄 수 있고, 그 속에서 전해 오는 메시지를 들을 수 있습니다. 또한 공기 속에 남아있는 그 울림의 여운을 오랫동안 들으며 느낄 수 있습니다."

앞에서 '뜻이 있는 곳에 길이 있다'는 말을 했지요. 뜻은 우리의 '의지'를 말해요. 뭔가 의미가 있다는 것을 믿고 버티고 도전하는 것입니다. 하늘은 이런 사람에게 길을 보여 준답니다.

많은 것들이 여러분의 눈에는 실패한 것 같고, 막다른 골목처럼 느꺼지고, 더 이상 희망이 없어 보일 수도 있어요. 하지만 그 속에는 당장은 알 수 없는 놀라운 기회와 희망이 있답니다. 에블린이 그랬듯, 우리도 에블린처럼 희망을 믿고, 확신으로 도전한다면 언젠가는 직접 체험하게 되어 있어요. 안 된다고 포기하지 말고 반드시 될 거라고 믿어 보세요. 그리고 그 믿음으로 희망의 문을 두드려 보세요. 장차 기적의 문은 반드시 열리게 될 것입니다.

내가
가진 것

　미국의 플로리다 대학교 농구팀은 농구 명문 중의 하나예요. 그런데 이 팀이 장애가 있는 선수를 스카웃해서 화제가 되었습니다. 주인공은 밀튼이라는 시골의 고등학생, 잭 호드스킨스였어요. 이 일은 당시 굉장한 화제가 되어 뉴욕타임즈에서 취재를 나올 정도였어요.

　잭은 태어날 때부터 한쪽 팔의 팔꿈치 아래쪽이 없었어요. 그럼에도 불구하고 잭은 농구 선수가 되고 싶어 했어요. 사실 불가능한 꿈이었습니다. 손을 주로 사용하는 농구에 있어서 한쪽 팔이 없다는 것은 치명적인 단점이었지요. 취미로 삼는 것은 이해가 되지만, 프로 농구 선수를 꿈꾸는 것은 지나친 욕심처럼 보였습니다.

　하지만 잭은 자신에게 없는 것으로 인해 좌절하지 않았어요. 대신 그는 연습을 택했습니다. 최선을 다해 연습하느라 좌절할 시간이 없었는지도 모르겠어요. 공을 뺏기지 않기 위해 더 낮게 드리블하는 법을 연습했고, 한 손으로 정확한 슛을 넣을 수 있도록 피나는 연습을 했지요. 잭의 아버지에 의하면, 잭은 어린 시절 손끝에서 매일 피가 날 정도로 드리블과 슛 연습을 했다고 합니다. 그래서 늘 잭의 손에 붕대를 감아 줘야 했다고 해요. 그 결과, 잭은 6세에 이미 바람 같은 스핀 무브로 상대 수비수를 속일 줄 알았고, 11세에는 다니던 중학교에서 경기당 31득점을 퍼붓기도 했습니다.

미국 조지아 고등학교에 다니던 시절, 잭은 슈팅 가드로 뛰었어요. 시즌 평균 득점은 12점이었고, 3점 슛 평균 성공률은 60퍼센트에 달했어요. 한쪽 팔로 3점 슛 열 개를 던져서 일곱 개를 성공시킨 경기 영상이 유튜브에 올라오기도 했지요. 영상에는 상대의 허를 찌르는 돌파와 날카로운 어시스트로 상대팀을 교란시키는 잭의 모습이 나옵니다. 잭을 상대하는 팀들은 대부분 그의 빠른 드리블과 정확한 슛에 놀랐어요. 반칙을 해야만 겨우 막아낼 수 있었습니다. 한 손으로 던지는 자유투는 너무 정확해서 대부분 막을 수가 없었어요. 바로 이런 잭의 강점을 약점보다 더 높이 평가했기 때문에, 농구 명문인 플로리다 대학이 주저하지 않고 그를 영입했던 거예요. 잭은 자신의 비법을 이렇게 고백했어요.

"한쪽 팔이 없다는 것은 농구 선수에게 치명적인 약점입니다. 하지만 저는 이것 때문에 기본기를 더 튼튼하게 다질 수 있었습니다. 그게 저의 강점이고 비법입니다."

어떤 일을 하든, 여러분이 가진 것으로 충분히 해낼 수 있습니다. 자꾸만 스스로에게 없는 것을 탓하며 불평하지는 마세요. 오히려 여러분에게 어떤 강점이 있는지를 계속 생각해 보세요. 그럼 누구나 자신의 강점을 찾을 수 있어요. 그리고 강점에 집중하고, 그 강점으로 승부하는 거죠. 강점이 커지면 약점이라고 생각했던 것들도 어느 순간 바뀔 수 있답니다. 약점이 변해서 나만의 큰 강점이 되는 경험을 해 보세요.

08 슬기로운
긍정 생활

하버드대 연구팀에서 호텔 청소부 84명의 건강 상태를 조사한 적이 있었어요. 그들 대부분은 몸무게도 많이 나가고, 배가 볼록 나왔으며, 혈압도 높았어요. 랭거 교수는 조용히 몇몇 청소부를 불러 청소의 운동 효과에 대해 알려 주었습니다.

"여러분은 충분히 운동하고 있어요. 15분간 시트를 가는 운동, 여기에는 40칼로리가 소모됩니다. 15분간 진공청소기를 돌리는 운동, 여기서는 50칼로리가 소모되고요. 방 하나를 청소하는 것은 땀을 뻘뻘 흘리며 10분간 운동하는 것과 똑같습니다."

한 달 후, 연구팀에서는 청소부들의 건강 상태를 다시 조사했어요. 그런데 놀라운 일이 벌어졌습니다. 청소의 효과에 대해 들은 후 운동하듯 청소한 그룹은 체중, 허리둘레, 지방, 혈압이 감소했어요. 하지만 평소처럼 생각 없이 청소를 한 그룹은 아무런 변화도 없었습니다. 그들 대부분이 청소는 하기 싫은 일이라고 생각했기 때문에 오히려 건강이 악화되었다고 해요.

살다 보면 하고 싶지 않아도 어쩔 수 없이 해야만 하는 일이 있어요. 사람들은 하나같이 '하고 싶은 일을 하라'고 말하지요. 그럼 하기 싫은 일은 안 해도 되는 걸까요? 학교에 가기 싫으면 안 가도 되나요? 꼭 그런 뜻은 아닙니다. 그 말의 진짜 의미는 '하기 싫은 일도 하고 싶은 일처럼 하라'는 뜻이니까요.

'노는 만큼 성공한다'는 말이 있습니다. 여러분은 놀기만 하는 사람이 어떻게 성공할 수 있느냐고 반문할지도 몰라요. 하지만 이 말에도 숨겨진 의미가 있습니다. 바로 주어진 일을 놀이처럼 할 수 있어야 성공한다는 거예요. 과거에는 열심히 지식을 쌓으면 그것으로 성공할 수 있었지요. 하지만 이제는 달라졌습니다. 죽어라 공부만 하기보다는 공부 자체를 즐길 수 있는 긍정의 자세가 필요해요. 미국 털리도대학교의 폴 홍 교수님도 수업 중에 일부러 삼천포로 빠진다고 합니다. 그래야 집중을 잘 하게 되고, 재미있으니까 나머지 중요한 수업 내용도 머릿속에 잘 들어온다는 것이죠.

일도 공부도 밀당이 필요합니다. 자신을 너무 압박하기만 해서는 좋은 결과를 낼 수 없어요. 그리고 너무 싫다고만 생각해도 안 되지요. 죽어도 하기 싫다는 자세를 고집하면 곤란합니다. '한 번 재미있게 해 볼까? 어떻게 하면 재미있게 할 수 있을까?'라고 생각하며 자꾸 애쓰다 보면 반드시 재미가 생기는 법이거든요.

이렇듯 우리는 삶에 대한 자세를 새롭게 가져야 합니다. 이것을 생각의 전환이라고 해요. 우리 눈으로 보기에 '재미없어 보이는 것'도 결국 우리에게 좋은 것일 수 있다는 생각을 가져야 한다는 거예요. 이렇게 할 수 있다면, 어떤 부정도 변하여 긍정이 될 수 있습니다.

09 행복은 선택이다

제가 어렸을 적, 토요일 오후 네 시에는 〈마징가 Z〉라는 만화 영화가 방영되었어요. 너무 기다려지는 시간이었답니다. 그런데 하필 그때 아버지는 일을 해야 한다며 저를 밭으로 데려가셨어요. 정말 죽을 맛이었습니다. 물론 아버지는 가족의 행복을 위해 어쩔 수 없는 선택을 하셨을 거예요. 하지만 저에게는 선택의 여지조차 없었기 때문에 마음이 너무 힘들었어요.

하지만 지금 생각해 보니, 제가 선택할 수 있는 다른 무엇이 있었습니다. 피할 수 없는 상황이라면, 밭일을 재미있게 할 수 있는 방법을 생각하면 좋지 않았을까요? 사실 만화 영화는 재방송을 보면 되는 것이었고, 밭에서도 틈틈이 즐길 거리가 많았으니까요. 좋아하는 대추를 따먹을 수도 있었고, 지나가는 멋진 기차를 구경할 수도 있었어요. 운이 좋으면 군인 열차에서 군인들이 던져 주는 건빵과 별

사탕을 얻을 수도 있었답니다. 이처럼 나의 마음을 재미있게 할 수 있는 선택의 여지는 얼마든지 있었다는 생각이 듭니다.

이민규 교수님은《행복도 선택이다》라는 책에서 삶의 자세를 강조했어요. 어떤 마음을 먹고, 어떤 자세를 취할지 선택하는 것은 고스란히 우리 자신이에요. 그 선택에 따라 결과는 달라지게 됩니다. 그렇다면 선택을 잘해야겠죠? 복잡하게 생각하지 말고, 일단 행복을 선택하고자 마음을 먹는 거예요.

10 빨간 집,
파란 집

어떤 시골 마을에 빨간 집과 파란 집이 오순도순 살고 있었어요. 평화롭게 지내던 이들에게 어느 날 엄청난 사건이 찾아왔습니다. 밤에 복면을 쓴 도둑들이 다녀간 거예요. 일명 '싹쓸이파'의 소행이었지요. 두 집은 그야말로 알거지가 될 정도로 전 재산을 다 털리고 말았어요. 그런데 두 집의 반응은 사뭇 달랐습니다. 파란 집은 잔치가 벌어졌고, 빨간 집은 울고불고 난리가 난 것입니다. 이 일은 너무도 불행한 일이었기 때문에 빨간 집의 반응은 이해가 되지요. 하지만 파란 집의 반응은 매우 이상했습니다. 전 재산이 다 털렸는데도 기뻐하다니… 그 이유가 궁금했던 마을 주민이 파란 집에 물었습니다.

"싹쓸이파한테 다 털리고도 뭐가 좋아서 이렇게 잔치까지 하는 것입니까?"

그러자 파란 집 주인은 이렇게 말했어요.

"무시무시한 싹쓸이파가 왔는데도 재물만 털어가고 우리 가족의 소중한 생명엔 손도 대지 않았으니 이 얼마나 다행스러운 일입니까? 모두가 무사한 것만으로도 너무나 기쁩니다. 기뻐요!"

　마을 주민은 듣고 보니 충분히 기뻐할 만한 이유가 될 수 있겠다는 생각이 들었습니다. 여러분은 이 이야기를 통해서 무엇을 느꼈나요? 기쁨이란 때로는 생각하기 나름입니다. 조금만 더 생각해 보면 슬픈 일에도 기뻐할 만한 이유가 있는 법이에요. 나아가 어떤 상황에서도 기뻐할 수 있습니다. 이 놀라운 사실을 새겨 듣고 기억해 보세요. 그리고 늘, 언제나, 항상, 아무 때나 기뻐할 수 있는 행복한 사람이 되면 좋겠습니다.

11

인생은
새옹지마

옛날 중국의 국경 지방에 한 노인이 살고 있었어요. 노인에게는 그가 기르던 아주 멋진 말 한 마리가 있었습니다. 그런데 어찌 된 일인지 어느 날 그 말이 도망쳐 버리고 말았어요. 이에 마을 사람들이 와서 '그 아까운 말을 잃어버려서 어떻게 하냐'며 노인을 위로했습니다. 이에 노인이 말했어요.

"걱정하지 마세요. 이 일이 나중에 복이 될지 누가 알겠습니까?"

이 말을 들은 마을 사람들은 코웃음을 쳤어요. 전 재산과 같은 말을 잃어버렸는데, 태평하게 저런 말이나 하는 노인을 이해할 수 없었습니다. 그런데 놀랍게도 도망쳤던 그 말이 다른 말 한 마리를 데리고 돌아온 것이 아닙니까? 그래서 노인은 말 두 마리의 주인이 되었어요. 그러자 마을 사람들이 다들 축하의 말을 했습니다.

"이렇게 좋은 일이 생기다니 참 대단합니다."

이에 대해 노인이 다음과 같이 말했어요.

"너무 그렇게 축하하지 마세요. 이 일이 나중에 화禍가 될지 누가 압니까?"

그런데, 노인의 말대로 그의 아들이 말을 타다가 떨어지는 사건이 있었어요. 이로 인해 아들은 다리 한쪽을 다치게 되었고, 더 이상 정상적인 생활을 할 수 없게 되었습니다. 그러자 마을 사람들이 또 노인을 위로했어요.

"어르신, 너무 슬퍼하지 마세요. 나중에 또 좋은 일이 있을지 누가 알겠습니까?"

"네, 맞습니다. 비록 저희 아들이 다쳐서 평생 불구가 되었지만 누가 알겠습니까? 아주 좋은 일이 있을지…."

이런 노인의 반응을 보고 마을 사람들도 혀를 내둘렀어요. 그런데 놀랍게도 오랑캐가 쳐들어와서 전쟁이 터지게 되었습니다. 그리고 징집 명령이 떨어지는 바람에, 마을의 모든 젊은이가 전장으로 끌려가게 되었어요. 하지만 노인의 아들은 징집 대상에서 제외가 되었어요. 다리를 다쳤기 때문에 전쟁에 나갈 수 없었던 것입니다.

이 이야기의 교훈을 담은 사자성어가 바로 새옹지마塞翁之馬입니다. 살면서 생기는 좋은 일, 나쁜 일은 예측하기 어렵다는 뜻이에요. 그럼 어떤 일이 벌어질 지 알 수 없으니, 불안에 떨면서 살아야 한다는 것일까요? 그렇지 않아요. 좋은 일이 있을 때는 고마워하면서 즐겁게 살면 돼요. 안 좋은 일이 닥쳤을 때는 머지않아 좋은 일도 반드시 있으리라는 희망을 가지고 살면 되는 거죠. 이렇게 생각하니 살면서 굳이 '불행'이라는 단어를 쓸 필요가 없다는 생각이 듭니다.

12

행복의 달인

"난 참 운이 좋아!" 일본 최고의 기업가, 마쓰시다 고노스케의 말입니다. 그는 평생 이 말을 입에 달고 다녔다고 해요. 어느 날은 그가 교통사고로 병원에 입원하게 되었어요. 이때, 병문안을 온 사람이 말했습니다.

"이렇게 다치시다니, 참 운도 안 좋으셔라!"

이에 대한 그의 반응은 무엇이었을까요?

"운이 안 좋다니요! 죽지 않고 이 정도니 참 운이 좋은 거지요. 전 운이 좋습니다."

그는 진정한 행복의 달인입니다. 심지어 회사 직원을 뽑을 때도 이렇게 질문했다고 해요.

"당신은 스스로를 운이 좋은 사람이라고 생각하나요?"

만약 면접자가 '네'라고 대답하면 뽑았지만, '아니오'라고 하면 뽑지 않았다고 합니다. 그 이유가 참 재미있습니다. 평소에 '나는 운이 좋아'라고 생각하는 사람은 어떤 상황에서도 느긋함과 평정심을 가지고 대처할 수 있다는 거예요. 그러면 자연스레 기쁨과 행복이 찾아오고, 이런 긍정적인 사람을 채용해야 회사도 잘 된다는 것입니다.

우리가 잘 아는 세계 최고의 토크쇼 진행자, 오프라 윈프리도 행복의 달인 중 한 사람이에요. 과거에 그녀는 너무도 불행한 삶을 살아야 했어요. 하지만 위와 같은 생각의 전환을 통해 확 바뀐 인생을 살 수 있었지요. 오프라 윈프리는 이렇게 말했어요.

"저는 '감사합니다', '고맙습니다', '나는 정말 축복 받은 사람입니다'라고 말하지 않고 지나가는 날이 단 하루도 없습니다."

"인생을 감사하다고 느낄수록 축하할 거리는 많아지고, 티를 찾아내려고 할수록 잘못이나 불행은 더 많이 나타납니다."

여러분은 〈개구리 왕눈이〉라는 만화 영화를 알고있나요? 아마 요즘 어린이들은 잘 모르는 경우가 많을 거예요. 다음은 이 만화 영화 주제가의 가사입니다.

'일곱 번 넘어져도 일어나라. 울지 말고 일어나 피리를 불어라. 필릴리 개굴개굴 필릴리리 무지개 연못에 웃음꽃 핀다.'

당시에는 정확히 무슨 의미로 노래하는지 잘 몰랐어요. 하지만, 지금 생각해 보니 개구리 왕눈이는 어려움 속에서 긍정으로 자신을 훈련하고 있었어요. 그가 불었던 피리는 긍정의 외침이었던 것입니다.

이와 같이 긍정적인 사람은 쉽게 절망하지도 않고, 포기하지도 않아요. 이들은 어떻게 이렇게도 긍정적일 수 있는 것일까요? 처음부터 긍정적인 마음을 가지고 태어난 것일까요? 그렇지 않아요. 텔레비전과 같은 매체를 통해 수많은 '달인'을 보았을 거예요. 그렇다면 달인들은 어떻게 그런 경지에 이르게 되었을까요? 다름 아니라, 긍정을 '생활화'했기 때문입니다. 이렇게 생활화된 사람은 개구리 왕눈이처럼 일곱 번 넘어져도 웃는 얼굴로 다시 일어날 수 있는 마음의 힘이 있습니다. 여러분도 매일 훈련해서, 긍정이라는 마음의 근육을 키우기 바라요. 그러면 머지 않아 여러분도 행복의 달인이 될 수 있을 것입니다.

13 우리가
소중한 이유

내가 소중하면, 다른 사람도 소중한 법입니다. 이렇게 서로를 소중하게 생각하는 사람은 그렇지 않은 사람에 비해 하는 일도 더 잘 되고, 더 많은 사랑을 받는다고 해요. 여러분은 스스로를 어떻게 생각하나요? 다른 사람에 대해서는요? 요즘 '나는 소중하지 않아', '난 별볼 일 없는 사람이야'라고 스스로를 가치 없게 생각하는 친구들이 많은 것 같아 안타깝습니다. 우리는 과연 어떤 점에서 소중한 존재일까요?

첫째, 독특한 존재예요. 여러분은 이 세상에 단 하나뿐인 독특한 존재입니다. 나를 흉내 낼 수 있는 사람은 있어도, 또 다른 '나'는 이 세상에 없거든요. 요즘은 스마트폰 보안을 지문이나 얼굴, 홍채로 할 수 있을 정도지요. 여러분의 외모, 성격, 목소리, 심지어 글씨체까지 세상에 둘도 없는 독특한 것입니다. 그래서 중요한 서류에 도장 대신

싸인이 쓰이기도 하는 거예요. 그렇기 때문에 여러분은 둘도 없는 소중한 존재입니다. 대체가 불가능하지요. 사람들은 멸종해 가는 동식물을 '천연기념물'이라 부르며 소중하게 돌보고 있어요. 그렇다면 세상에 하나밖에 없는 여러분은 얼마나 더 소중한 존재겠어요?

둘째, 고귀한 존재예요. 여러분은 3억분의 1의 수정授精 경쟁을 뚫고 세상에 태어난 고귀한 존재입니다. 대학 입시에서 몇 대 1의 경쟁률을 뚫고 합격해도 큰 영광으로 생각하지요. 하물며 3억분의 1이라니⋯ 여러분은 참으로 대단한 존재이며, 영광스런 존재가 맞아요. 나뿐만 아니라 다른 사람도 마찬가지예요. 그러므로 서로 축하해 주고 축복해 주는 것이 당연합니다.

셋째, 위대한 존재예요. 셰익스피어는 《햄릿》에서 인간의 위대함을 이렇게 묘사했어요.

인간이란 어찌 이다지도 기막힌 걸작인가! 슬기롭고 고귀한 이성, 무한한 재능, 적절하고 훌륭한 형체와 동작, 행동은 천사와 같고 이해력은 신과 같이, 세계의 미요, 만물의 영장이니라.

이처럼 인간은 존재 자체가 걸작입니다. 사람들은 상대적인 생각으로 서로를 비교하며 우열을 나누기도 해요. 하지만 그것은 아주 잘못된 것입니다. 누군가는 인간의 신체를 소우주라고 할 정도로, 인간의 신체 구조와 시스템은 경이롭기까지 합니다. 과학이 많이 발달했다고 하는 지금도 인간의 손가락을 대신할 만큼 섬세하고 역동적인 로봇은 없거든요.

　결론적으로, 여러분은 모두가 독특하고 고귀하며 위대한 존재입니다. 여러분은 그 무엇으로도 대체할 수 없는 아주 소중한 존재예요. 이런 '나'를 고작 시험 점수로 판단하는 게 맞는 걸까요? 사람을 외모로 차별하는 것에 대해서는 어떻게 생각하세요? 친구에게 폭력을 가하는 것은요? 우리 모두 위대한 존재인 만큼, 그에 걸맞게 말하고 행동해야 하겠어요. 항상 위대한 일을 생각하고 멋진 꿈부터 가져 보면 어떨까요? 오늘부터 작지만 위대한 계획을 세워 보기를 바랍니다.

곰팡이가
좋아하는 말

교실에서 '문자 언어 실험'을 한 적이 있어요. 급식 시간에 밥을 얻어서 두 개의 페트병에 나눠 넣고 랩으로 밀봉하였습니다. 페트병의 종류와 크기, 밥의 양, 병을 놓은 위치 등 모든 조건을 똑같이 했지만, 유일하게 달리한 것은 문자였습니다.

A 실험군에는 '감사', '사랑', '행복'이라는 단어를 붙였고, 다른 B 실험군에는 '망할', '나쁜 놈', '짜증나'라는 단어를 프린트해서 붙였어요. 저도 책에서만 보던 것을 직접 실험하는 것은 처음이라 반신반의했습니다. 만약 실험 결과가 반대로 나오거나, 아무런 차이 없이 나온다면 어떻게 하나 하는 불안함과 두려움도 있었어요.

3일이 지난 후, A 실험군에서는 오렌지색 곰팡이가 생겼어요. 그러나 B 실험군에서는 아무런 반응이 없었습니다. 저도 그랬지만, 아이들도 이런 결과가 조금 이상하게 느껴졌어요. 저는 조금만 더 기다려 보자고 했어요. 불과 며칠만에 실험 결과는 아주 극명하게 드러났습니다.

좋은 낱말을 붙인 A 실험군은 예쁜 오렌지색 곰팡이가 향긋한 냄새를 풍기고 있었고, 나쁜 낱말을 붙인 B 실험군은 시커먼 곰팡이가 지독한 악취를 풍기고 있었어요. 꼭 시궁창 냄새 같았습니다. 이 결과를 본 모두가 놀라지 않을 수 없었어요. 물론 책을 통해서는 이미 알고 있었지만, 직접 실험을 통해 눈으로 확인하니 너무 신기했습니다.

이 실험 결과는 단순히 신기함 그 이상의 의미를 남겨 주었습니다. 말이 얼마나 중요한가, 심지어 글자도 글자 나름이며 모든 것이 에너지를 가지고 있다는 것을 깨닫게 되었어요. '좋은 말을 해야 한다', '긍정적인 생각과 말을 해야 한다'라는 말을 너무 많이 듣다 보니, 형식적으로 받아들일 때가 많았는데 이제는 아니었습니다. 긍정의 말 한마디가 얼마나 큰 위력을 가지고 있는지, 지금 적고 있는 희망의 글이 얼마나 큰 힘을 가지고 있는지 온몸으로 느끼게 되었답니다.

촌철살인寸鐵殺人이라는 사자성어가 있어요. 조그만 쇠붙이로 사람을 죽일 수 있다는 뜻입니다. 간단한 말로도 남을 감동시키거나 약점을 찌를 수 있음을 이르는 말이기도 해요. 좋은 말과 글에는 분명 좋은 에너지가 있고, 나쁜 말과 글에는 나쁜 에너지가 있어요. 글은 비록 종이에 인쇄된 활자에 불과하지만, 그 속에는 활력이 있어요. 어떤 글은 칼처럼 아주 예리하게 자극을 줍니다. 그래서 사람을 변화시키기도 하지요. 이런 말과 글을 가까이 하는 사람은 그렇지 않은 사람에 비해 분명 다른 삶을 살게 될 겁니다.

이것을 생각할 때 우리의 눈과 귀는 어디를 향해야 할까요? 스마트폰? 게임? 만화책?…. 물론 좋은 게임, 좋은 만화책이라면 다행이지만 현실은 대부분 그렇지 않다는 게 문제입니다. 이제는 좋은 사람의 좋은 말, 좋은 책의 좋은 글을 주목해야 해요. 이것이 나를 제대로 살리는 길이라고 생각하며, 우리 스스로도 좋은 말을 하고 좋은 글을 쓰고자 노력해야 합니다.

15 희망을 보는 사람

　강영우 박사님은 우리나라 최초의 시각 장애인 박사입니다. 그는 중학교 때 학교 운동장에서 날아온 축구공에 얼굴을 맞았어요. 이 일로 인해 시력이 떨어지기 시작하더니, 결국 실명에 이르렀어요. 마른 하늘에 날벼락 같은 일이었습니다. 멀쩡하게 잘 살던 와중에, 우연히 날아온 축구공 하나 때문에 불행의 구렁텅이로 떨어지게 된 거예요.

　어머니는 아들의 실명 소식에 충격을 받아 결국 돌아가시고 말았어요. 소녀 가장이 된 누나도 동대문 공장에서 일을 하다가 과로로 세상을 떠나게 되었습니다. 이제 강영우 박사님과 그의 여동생만 세상에 남게 되었어요. 고아와 다를 바가 없었지요. 앞을 볼 수 없는 그의 처지는 더욱 암담하기만 했습니다. 한때 모든 것을 포기하고자 한 적도 있었지만, 포기보다는 도전을 선택했습니다. 그는 열심히 공부하여 비장애인도 해내기 힘든 일들을 해내기 시작했어요.

명문대인 연세대학교에 합격하였고, 차석으로 졸업하였으며, 후원자의 도움으로 미국 유학까지 떠날 수 있었어요. 앞을 못 보는 사람이 미국에서 유학을 한다? 정말 상상할 수 없는 일이었지만, '뜻이 있는 곳에 길이 있다'는 말처럼 스스로 길을 만들어 나갔지요.

그는 자신의 앞에 펼쳐진 온갖 어려움에 맞서 도전했습니다. 그 결과 미국에서 박사도 되고, 교수의 자리까지 오를 수 있었어요. 심지어 미국 백악관 국가장애위원회 정책차관보로 발탁되기도 하였고, 유엔 세계장애위원회 부회장 겸 루스벨트 재단 고문으로 활동했으며, 국제 로터리 인권상을 수상하기도 했지요. 이만하면 인간 승리가 아닐 수 없어요. 그의 인생 이야기는 영화로도 만들어졌답니다.

그런데, 이런 그가 비교적 젊은 나이에 췌장암 진단을 받게 되었습니다. 놀랍게도 그는 죽음 앞에서 두려워하거나 삶을 원망하지 않았어요. 대신 감사했습니다. 자신에게 허락되었던 수많은 은총을 생각하고, 고마운 모든 사람들에게 마음이 담긴 편지를 보냈어요. 그뿐 아니라,《내 눈에는 희망만 보였다》라는 책까지 유고작으로 남겼습니다. 생의 마지막 순간까지도 세상에 용기와 희망을 전하고자 온 힘을 다했어요. 이후 그는 평온한 모습으로 마지막 순간을 맞이했습니다. 강영우 박사님은 항상 희망만을 보고자 했어요. 비록 아무것도 볼 수 없는 눈이었지만, 마음의 눈으로 희망을 보았던 것입니다. 여러분의 눈에는 지금 무엇이 보이나요?

〈참고 자료〉

도서

- 강영우 지음, 「내 눈에는 희망만 보였다」, 두란노서원, 2012

- 강원국 지음, 「대통령의 글쓰기」, 메디치, 2017

- 고은정 지음, 「하루 한 줄 마음산책」, 문예춘추사, 2016

- 김광호 지음, 「영웅의 꿈을 스캔하라」, 21세기북스, 2010

- 김상운 지음, 「왓칭 1」, 정신세계사, 2011

- 김정진 지음, 「독서불패」, 크레랑, 2001

- 김주환 지음, 「회복탄력성」, 위즈덤하우스, 2019

- 남궁인 지음, 「지독한 하루」, 문학동네, 2017

- 맥스 비어봄 지음, 류건 옮김, 「행복한 위선자」, 바람, 2007

- 백지연 지음, 「무엇이 되기 위해 살지 마라」, 알마, 2012

- 율리엔 바크하우스 지음, 「자유로운 이기주의자」, 다산북스, 2020

- 이시형 지음, 「세로토닌하라!」, 중앙북스, 2010

- 이중재 지음, 「독학의 권유」, 토네이도, 2011

- 이지성 지음, 「행복한 달인」, 다산라이프, 2008

- 이지성 지음, 「18시간 몰입의 법칙」, 맑은소리, 2004

- 이지성 지음, 「20대를 변화시키는 30일 플랜」, 맑은소리, 2006

- 전광 지음, 「성경이 만든 사람」, 생명의말씀사, 2005

- 제임스 M. 볼드윈 지음, 「다시 읽는 50가지 유명한 이야기」, 인디북, 2003

- 조우석·김현정 지음, 「꿈을 이루는 6일간의 수업」, 한언, 2009

- 헬렌 켈러 지음, 박에스더·이창식 옮김, 「사흘만 볼 수 있다면」, 산해, 2008

기사

- "나는 과학자보다 신실한 기독인 되고 싶다" 정근모 박사 신앙고백론 출간, 국민일보, 2001년 12월 18일

- 매미와 참새의 생각, 국민일보, 2018년 5월 2일

- "포기하지 않는 끈기가 라면왕 만들었죠", 연합뉴스, 2011년 5월 18일

- [겨자씨] 도미노피자, 국민일보, 2003년 8월 23일

- '한 손으로 농구를'..외팔이 고교 농구 선수 화제, 연합뉴스, 2012년 12월 15일

웹사이트

- 네이버 지식백과, https://terms.naver.com/

꿈을 키우는 교실 밖 이야기

1판 1쇄 발행 2021년 5월 10일
1판 3쇄 발행 2022년 11월 5일

지은이 문종호
펴낸이 이윤규

펴낸곳 유아이북스
출판등록 2012년 4월 2일
주소 서울시 용산구 효창원로 64길 6
전화 (02) 704-2521
팩스 (02) 715-3536
이메일 uibooks@uibooks.co.kr

ISBN 979-11-6322-057-2 43190
값 12,000원